· 语文阅读推荐丛书 ·

成语故事

李新武/编写

人民文学出版社

图书在版编目(CIP)数据

成语故事/李新武编写.—北京:人民文学出版社,2018(2023.3重印)

(语文阅读推荐丛书)
ISBN 978-7-02-013792-3

Ⅰ.①成… Ⅱ.①李… Ⅲ.①汉语—成语—故事—少儿读物 Ⅳ.①H136.31-49

中国版本图书馆 CIP 数据核字(2020)第 137439 号

责任编辑　陈建宾　季金萍
装帧设计　李思安　崔欣晔
责任印制　宋佳月

出版发行　人民文学出版社
社　　址　北京市朝内大街166号
邮政编码　100705

印　　刷　北京华宇信诺印刷有限公司
经　　销　全国新华书店等

字　　数　114千字
开　　本　650毫米×920毫米　1/16
印　　张　16.75　插页1
印　　数　235001—240000
版　　次　2001年8月北京第1版
印　　次　2023年3月第28次印刷

书　　号　978-7-02-013792-3
定　　价　26.00元

如有印装质量问题,请与本社图书销售中心调换。电话:010-65233595

出 版 说 明

从 2017 年 9 月开始，在国家统一部署下，全国中小学陆续启用了教育部统编语文教科书。统编语文教科书加强了中国优秀传统文化教育、革命传统教育以及社会主义先进文化教育的内容，更加注重立德树人，鼓励学生通过大量阅读提升语文素养、涵养人文精神。人民文学出版社是新中国成立最早的大型文学专业出版机构，长期坚持以传播优秀文化为己任，立足经典，注重创新，在中外文学出版方面积累了丰厚的资源。为配合国家部署，充分发挥自身优势，为广大学生课外阅读提供服务，我社在总结以往经验的基础上，邀请专家名师，经过认真讨论、深入调研，推出了这套"语文阅读推荐丛书"。丛书收入图书百余种，绝大部分都是中小学语文课程标准和统编语文教科书推荐阅读书目，并根据阅读需要有所拓展，基本涵盖了古今中外主要的文学经典，完全能满足学生成长过程中的阅读需要，对增强孩子的语文能力，提升写作水平，都有帮助。本丛书依据的都是我社多年积累的优秀版本，品种齐全，编校精良。每书的卷首配导读文字，介绍作者生平、写作背景、作品成就与特点；卷末附知识链接，提示知识要点。

在丛书编辑出版过程中，统编语文教科书总主编温儒敏教授,给予了"去课程化"和帮助学生建立"阅读契约"的指导性意见,即尊重孩子的个性化阅读感受,引导他们把阅读变成一种兴趣。所以本丛书严格保证作品内容的完整性和结构的连续性,既不随意删改作品内容,也不破坏作品结构,随文安插干扰阅读的多余元素。相信这套丛书会成为广大中小学生的良师益友和家庭必备藏书。

人民文学出版社编辑部
2018年3月

目　次

导读 ······················· 1

b

八仙过海 ···················· 1
拔苗助长 ···················· 3
百发百中 ···················· 6
半途而废 ···················· 8
抱薪救火 ··················· 10
杯弓蛇影 ··················· 13
比肩继踵 ··················· 16
闭门思过 ··················· 19
病入膏肓 ··················· 21
不可救药 ··················· 23
不入虎穴,焉得虎子 ············ 25

c

草木皆兵 …… 27

长驱直入 …… 30

初出茅庐 …… 32

程门立雪 …… 34

d

打草惊蛇 …… 37

大器晚成 …… 40

大义灭亲 …… 42

对牛弹琴 …… 44

妒贤嫉能 …… 47

e

恶贯满盈 …… 49

f

奉公守法 …… 51

赴汤蹈火 …… 54

g

高枕无忧 …… 57

割席绝交 ·· 60

h

害群之马 ·· 62
邯郸学步 ·· 64
华而不实 ·· 67
狐假虎威 ·· 70
画龙点睛 ·· 72
黄粱一梦 ·· 74

j

家喻户晓 ·· 77
骄兵必败 ·· 79
狡兔三窟 ·· 81
金玉其外,败絮其中 ·································· 83
九牛一毛 ·· 85
井底之蛙 ·· 88

k

开诚布公 ·· 90
刻舟求剑 ·· 92
开卷有益 ·· 95
口蜜腹剑 ·· 97

l

老马识途 …… 99

滥竽充数 …… 102

狼狈为奸 …… 104

乐不思蜀 …… 106

洛阳纸贵 …… 108

励精图治 …… 110

m

买椟还珠 …… 113

毛遂自荐 …… 115

孟母三迁 …… 117

名落孙山 …… 120

莫须有 …… 123

o

呕心沥血 …… 125

p

破釜沉舟 …… 127

扑朔迷离 …… 130

q

歧路亡羊 …………………………………… *133*

杞人忧天 …………………………………… *135*

千里之行,始于足下 ………………………… *137*

黔驴技穷 …………………………………… *140*

请君入瓮 …………………………………… *143*

青云直上 …………………………………… *146*

r

如鸟兽散 …………………………………… *148*

孺子可教 …………………………………… *150*

s

三顾茅庐 …………………………………… *152*

三令五申 …………………………………… *154*

三人成虎 …………………………………… *157*

守株待兔 …………………………………… *160*

t

桃李不言,下自成蹊 ………………………… *162*

图穷匕见 …………………………………… *164*

投笔从戎 …………………………………… *167*

w

完璧归赵 …………………………… *169*

亡羊补牢 …………………………… *171*

望梅止渴 …………………………… *174*

卧薪尝胆 …………………………… *177*

闻鸡起舞 …………………………… *180*

吴牛喘月 …………………………… *182*

x

向壁虚构 …………………………… *184*

胸有成竹 …………………………… *187*

y

掩耳盗铃 …………………………… *190*

夜郎自大 …………………………… *193*

一箭双雕 …………………………… *195*

一鼓作气 …………………………… *197*

一目十行 …………………………… *199*

一窍不通 …………………………… *201*

一衣带水 …………………………… *203*

一叶障目 …………………………… *205*

叶公好龙 …………………………… *208*

游刃有余 ·································· 211

有志者事竟成 ···························· 213

鹬蚌相争,渔翁得利 ···················· 215

愚公移山 ·································· 217

欲加之罪,何患无辞 ···················· 219

欲速则不达 ······························· 221

Z

凿壁借光 ·································· 223

朝三暮四 ·································· 226

郑人买履 ·································· 229

置之度外 ·································· 231

专心致志 ·································· 233

煮豆燃萁 ·································· 236

自相矛盾 ·································· 238

知识链接 ·································· 241

导　读

任何一种语言都有成语,但与其他语言相比,汉语中的成语不仅数量多,而且历史更悠久,运用更广泛,地位更突出,民族文化的特征也更鲜明。因此,不管是中国人还是外国人,要想掌握汉语,要了解中国文化,就不能不重视成语的学习与探究。

那么,什么是成语呢?不少人也许马上想到的是成语的外在形式,会不假思索地回答说:"成语就是由四个字组成的词组。"的确,我们所知道的很多成语都是由四个汉字构成的,语言学家称之为"四字格"成语。据有人估计,汉语中四字格成语所占的比例至少在百分之九十以上。不过,虽然四字格成语占多数,但不是全部,还有非四字格的成语。例如两字格的"推敲""渔利";三字格的"破天荒""莫须有";五字格的"小巫见大巫""树倒猢狲散";六字格的"五十步笑百步""风马牛不相及";七字格的"醉翁之意不在酒""一失足成千古恨";……甚至十二字格的"只许州官放火,不许百姓点灯"等。另一方面,就是人们常用的四字格词组也有不少并不是成语。如"刀枪不入""热热闹闹""英雄好汉"等。所以,外在形式的字数不能作为是否成语的判断依据。不过,从外在形式的角度来看,可以发现,不管是多少个字组成的成语,它的构成与一般词语最明显的不同在于:成语的构成是基本固定的,一般不能随意调换文字和颠倒顺序。例如"狡兔三窟",不能把它拆成"狡兔""三窟";也不能替换为"狡兔五窟"或"狡鼠三窟";更不能把它的顺序变换为"三窟狡兔"或"狡窟三兔"等。因为,随意拆开和调换顺序后所表达的意义就不是成语"狡兔三窟"的意义了。当然,有的成语会有一些字面上的出入和顺序上的适当调换,表达的意义却不变。例如"讳疾忌医",可以说成"护疾忌医";"活龙活现"的"龙"也可以写为"灵";"千山万水"可以倒序为"万水千山";"神差鬼使"可以变为"鬼使神差"。然而,这些变化是有条件的,不是随意的,属于成语的活用,这种变换不会影响成语的意义。可以说,成语不管是由多少个字构成的,都是一个固定的结构形式,不能随意变换,这就是成语结构上的定型性。判断一个词语是不是成语,稳固的特定形式是主要依据之一。

成语结构的定型性意味着成语是一个完整的语言单位,这种完整性不仅仅表现在形式,更体现在于内容。也就是说,任何成语都有特定的完整意义,不能望文生义。例如,"三人成虎",如果只按字面来理解,就会理解为"三个人变成了老虎"。但是,作为成语,它出自中国古代历史著作《战国策》中记载的一则发生在战国时期的历史故事,说的是魏国的一位大臣担心自己出使后,魏王偏听偏信,而故意对魏王说,如果有三个人连续来报告说街上有老虎吃人,魏王是否相信?魏王果然表示会信以为真。大臣即以此为例劝告魏王不要轻信谣言。这个特定的历史故事中包含着一个具有普遍性的内涵:"谣言或讹传一再反复,就会使人信以为真。"作为成语的"三人成虎"所表示的就是这个意义。又如成语"胸有成竹",有的外国人之所以会把它翻译为"胸中有一根竹棍儿",成为笑柄,就是因为不懂得"胸有成竹"的特定含义。即使有些成语字面义与特定含义的关系较为直接紧密,仍然不能只从字面义去理解。例如,"千山万水",特定含义是形容国土的辽阔,或自然景色的壮丽,或路途的遥远艰险,要是只按字面理解为"山很多,河流湖泊很多",那不是差得太远了吗!成语的特定含义往往是字面义的引申义或比喻义,或既有引申义又有比喻义。甚至字面本身只是一个故事的简略标题,只起一个符号标记的作用,不了解它的来龙去脉,就永远也猜不透它的真正含义。就说"洛阳纸贵"吧,字面浅显,但并不只是要告诉人们一条市场信息:洛阳商店里的纸张供不应求,价格上涨了。也不是说洛阳出产的纸张质量好,所以卖高价。它其实说的是一个遥远的历史故事:晋朝的一位文学家左思写出了一篇杰作《三都赋》,轰动了洛阳,人人都想一睹为快,可是当时还没有印刷厂,要欣赏这篇杰作,得到商店里买来纸张抄写。于是,人们争先恐后去抢购纸张,导致纸价上涨。这是一个特定的历史事实,但作为成语,它要表达的是由这个具体的历史事实类比出来的一个具有普遍性的意义:比喻好作品深受欢迎,广泛传播!可见,成语要表达的真正意义是字面的"言外之意""弦外之音"。有没有这种"言外之意""弦外之音",是区分成语与非成语的又一个重要标准。

一个词组或短语具有结构的定型性和特定的完整意义,还不一定就是成语,它还必须得到人们的足够重视并长期乐于运用。也就是说,这个词组或短语与人们的生活和思想具有紧密的关系,能表达生活在不同时间和空间的人们的现实感受和认识,于是在人们的语言实践中反复出现,它才可能是成语。例如,"拔苗助长"之类的行为,不仅孟子的时代有,而且在后来人们的生活中也不断出现,所以,一经孟子说出,这个词组作为对那种办事不顾客观规律,急于求成而适得其反的行为的最形象的比喻,至今仍广为人们反复运用。这就是成语的长期习用性。

成语具有结构的定型性、意义的特定性和完整性,以及在人们语言交往中的长期习用性这三个特征,但不能说凡是具有这三个特征的词组或短语都是成语。因为一种语言中除成语以外,还有谚语、俗语、歇后语、格言、名句和典故等,也都具备这三个特征,它们和成语一起总称为"熟语"。成语不过是熟语中的一种,而且与其他熟语的关系错综复杂。同一个词组或短语,可能同时出现在成语词典和谚语词典中。这意味着同一个词组和短语,有人认为是成语,有人认为是谚语,甚至还有人会认为是格言或其他熟语。成语与其他熟语之间有何关系,有没有可以相互区别的界限呢?要回答这个问题,就不能不先弄清成语的来源。一般语言可以分为口语和书面语,但口语往往又是书面语的基础,不少口语经过文人的引用、加工、改造,就变成了书面语。这种现象对我们了解成语和其他熟语的异同关系很有启发。现在公认的成语中有的原来就是俗语和谚语,即民间口头流行的熟语。如"投鼠忌器",最早见于《汉书·贾谊传》,但书中明确指出是引用"里谚",即本来是口语中的谚语。还有"唇亡齿寒""铁树开花""只许州官放火,不许百姓点灯""桃李不言,下自成蹊"等,最早都是口语中的谚语或俗语,后来才经文人的引用而成为成语。可知成语的来源之一是口语中的熟语。成语的另一个来源是书面语,包括神话传说、历史著作、文人创作的文学作品和外来语等。例如"精卫填海""夸父追日"来自《山海经》中所载的神话故事;"图穷匕见""负荆请罪"分别出自历史著作《战国策》和《史记》;"拔苗助长""自相矛盾"源自先秦诸子散文中的寓言;"投桃报李""未雨绸缪"都最早见于《诗经》;"世外桃源""无人问津"出处为陶渊明的《桃花源记》;"不三不四""东风压倒西风"分别是《水浒传》和《红楼梦》的原创;而"以眼还眼,以牙还牙"则外来于《圣经·旧约》。从成语的来源可以知道,成语与谚语、俗语、歇后语等熟语最主要的区别特征应是书面性。凡是进入书面而为人们所习用的具有熟语特点的词组或短语都可以称之为成语,这样的认识应该是比较合理的。至于格言、名句和典故与成语都有书面性的特征，有不少是重合的，只是由于分类的标准不同而有不同名称。比如格言，一般认为就是"含有教育意义的固定语句"，或"含有劝诫意义的成语"，可见这是以有无教育（劝诫）意义为标准对固定语句（成语）的分类。格言、名句和典故如果在人们的语言实践中和成语一样长期地为人们所反复习用，也可以称之为成语了。

　　成语作为语言的重要组成部分，比起一般的词语来具有非常明显的长处：言简意赅，结构谨严，凝练含蓄，富于哲理性而又形象鲜明生动，表现力特别强。因此，成语在人们的语言交往活动中广泛地发挥着独特而不可替代的巨大功用。正确运用成语的前提是必须对成语有深入的了解。尤其是有引申义和比喻义的成语在汉语成语中占主要地位，这些成语大多出自古典文献，都有特定的故事与来由，有的还是文言词语，与现代汉语有很大出入。如果不逐条认真学习的话，当然不能正确理解成语的涵义，更谈不上恰当运用了。

人民文学出版社编辑部

八仙过海

相传,吕洞宾等八位神仙去赴西王母的蟠(pán)桃会,途经东海的时候,见水深浪高,难以通行。这时,吕洞宾提议,他们各自向海里投一样东西,然后各显神通过海。于是,铁拐李把拐杖投到海里,站在上面渡过了东海;韩湘子把自己的箫(xiāo)投到海里,箫载着他渡海而过;吕洞宾、蓝采和、张果老、汉钟离、曹国舅、何仙姑也分别把自己的剑、花篮、纸驴、鼓、玉朝笏(hù)、莲花投到海里,站在上面排浪而过。八位神仙各自依靠自己的神通渡过了东海。

八仙过海——比喻互相比赛,各自展示自己的本领。

"试以一物投之水,而各显神通而过何如?"

(明·吴元泰《八仙出处东游记传》)

想一想

"八仙过海"中的"八仙"是哪八个人?

拔苗助长

春秋时，宋国有一位农夫，总嫌(xián)他家田地里的禾苗长得太慢。有一天，他突然想出了一个主意，就到地里把禾苗一棵一棵地拔高。拔完后回到家里，疲惫(bèi)不堪(kān)地对家里人说："今天可把我累坏了，我让禾苗长高了好几寸，真不容易。"他的儿子听了，赶忙跑到地里去看，只见地里的禾苗全都枯死了。

拔苗助长——比喻急于求成，违反了事物自身的发展规律。

"今日病矣,予助苗长矣。"

(《孟子·公孙丑上》)

想一想

"拔苗助长"是否能表达"欲速则不达"的意思?

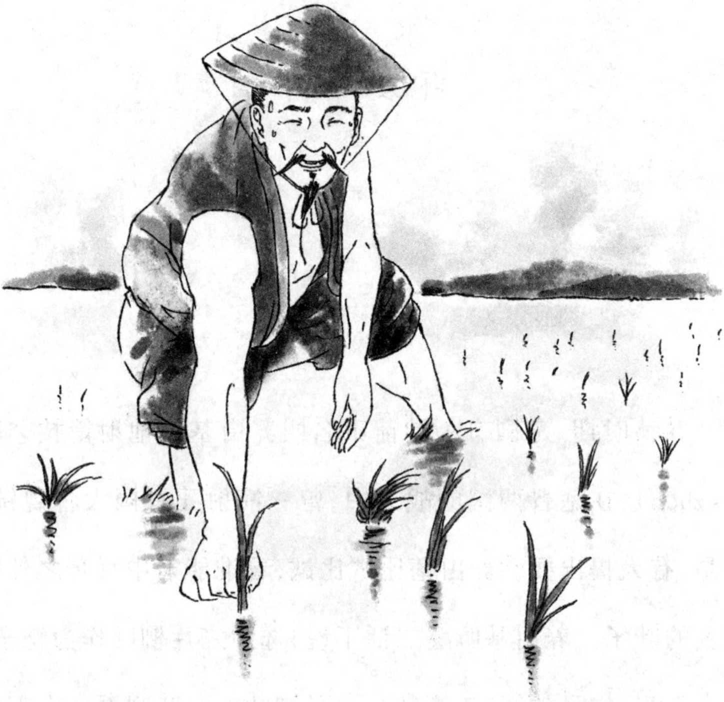

百发百中

春秋时期,楚国有个神箭手名叫养由基。他射箭技艺精湛(zhàn),在楚晋两国的战斗中,曾一箭射死晋国大将魏锜。于是,有人提出要和养由基比试比试,看谁能射中百步之外柳树上的叶子。养由基听罢二话不说,选中三片柳叶作为靶子,走出百步,拉弓放箭,三箭都命中了柳叶。一旁观看的人都惊呆了。想和养由基比试的人也连连称赞道:"真是百发百中啊!"

百发百中——中:射中。

比喻射箭或射击技术精湛、高明。

"去柳叶百步而射之,百发百中。"

(《战国策·西周策》)

想一想

请你给"百发百中"的"中"字注音。

半途而废

　　战国时期,有个叫乐(yuè)羊的人,他到邻国求学,准备成就一番事业。可学习不到一年,他就因为想家而弃学回来了。回到家中,妻子正在织布,得知他回来的原因后,妻子拿起一把剪刀,把织布机上的织线全都剪断了,然后说:"布是一丝一丝织成的,如果从中间把它剪断,那么,前面的功夫不就白费了吗?"乐羊听到这里,明白了妻子的意思,马上告别了妻子,回到邻国继续求学,直到七年后学有所成才回家。

　　半途而废——废:停止。
　　　　比喻工作没做完就停止了。

"君子遵道而行,半途而废,吾弗能已矣。"

(《礼记·中庸》)

想一想

"半途而废"的"废"与"废寝忘食"的"废",意思一样吗?

抱薪救火

战国时,强大的秦国蛮横地派兵攻打魏国国都。魏国势单力孤,眼看就要被秦国所破。就在这时,有人提议将南阳这个地方割送给秦国,借以求和。可大臣苏代坚决反对,并对魏王说:"秦国欲壑(hè)难填,用割地的方法讨好秦国,就好比抱着柴草去救火一样,柴草没烧完,火是不会灭的。"魏王不听苏代的劝告,结果,魏国不久就被秦国灭掉了。

抱薪(xīn)救火——薪:柴草。

比喻用错误的方法去消除灾害,结果反而使灾害扩大。

"且夫以地事秦,比犹抱薪救火,薪不尽,火不灭。"

(《史记·魏世家》)

想一想

"抱薪救火"的"薪"能写成"新"字吗?为什么?

你能填出成语"釜底抽( )"吗?

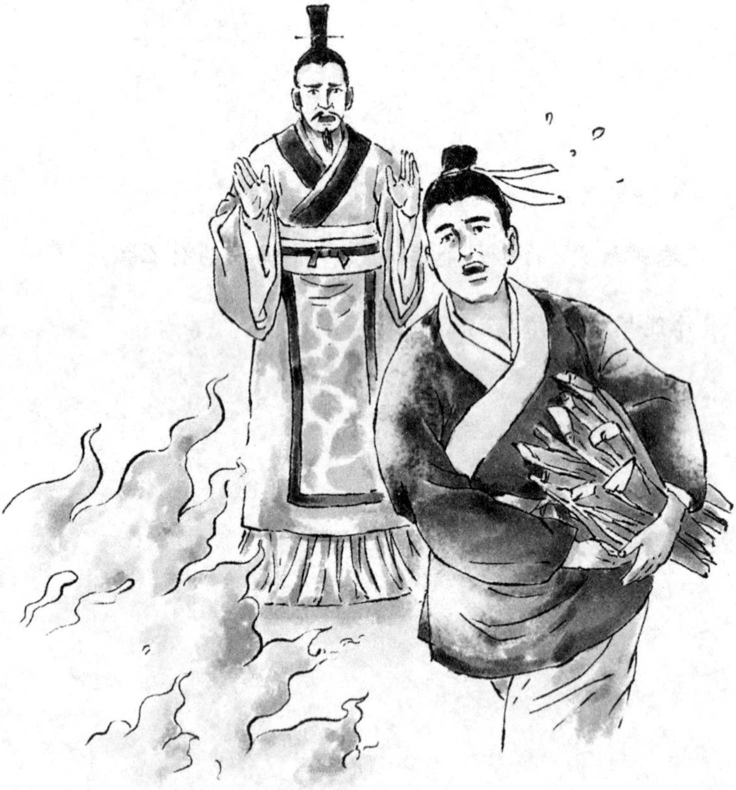

杯弓蛇影

西晋时,有个叫乐(yuè)广的人。有一次他邀请一个朋友到他家里喝酒,可喝完酒朋友回去就生了一场大病。乐广听说后,便赶紧去探望,想问个究竟。朋友说:"前次在你家喝酒,看到杯里有条蛇在游动,心里很害怕,不喝吧,又觉得对主人不敬。喝了以后,回到家便病了。"乐广听后很纳闷。回到家里,猛然看到墙上挂着一张角弓,心里明白了。他再次把那位朋友请来,又给朋友斟(zhēn)上一杯酒。朋友指着酒杯惊呼:"看,蛇!"乐广取下墙上的弓,说:"那只是弓的影子,现在没了。"朋友恍(huǎng)然大悟,病也全好了。

杯弓蛇影——把酒杯中的弓影当成了蛇。比喻因疑虑而引起恐惧,自相惊扰。

"见杯中有蛇,意甚恶之,既饮而疾。"

(《晋书·乐广传》)

想一想

"杯弓蛇影"含有"疑神疑鬼"的意思吗?

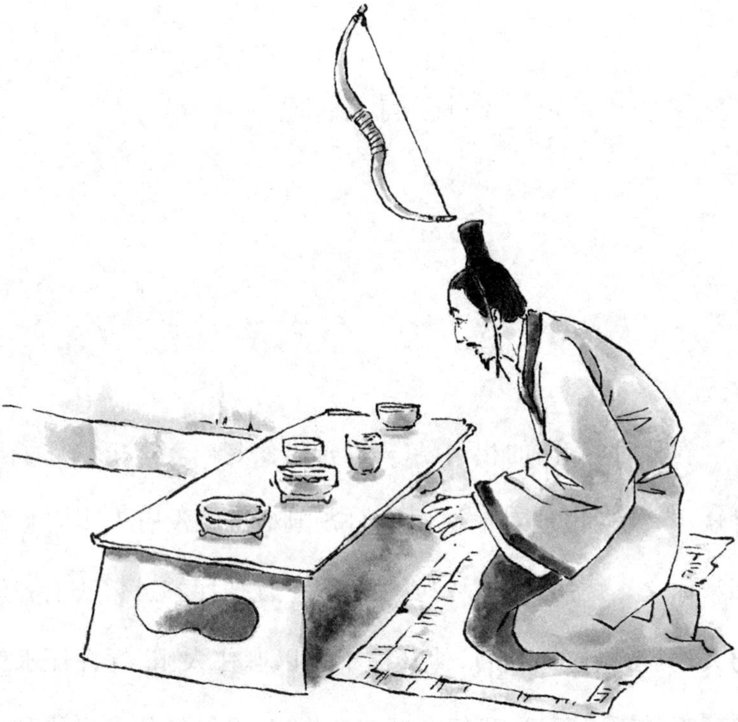

比肩继踵

春秋时,齐国的相国晏(yàn)子出使楚国。楚王见晏子身材矮小,就傲慢地对他说:"你们齐国难道就没有人了吗!怎么派你这么矮的人来呢?"晏子不紧不慢地回答道:"我们齐国的人比肩继踵(zhǒng),伸开袖子可以遮住太阳,挥挥汗水就像下雨一样。不过,我们齐国有个规定,派贤能的人出使君主贤能的国家,无才无能的人出使君主无才无能的国家。像我这样其貌不扬的人,只能派来见您。"楚王不知如何回答是好。

比肩继踵——比:并。踵:脚后跟。继踵:脚尖碰着脚后跟。形容人多拥挤。

"比肩继踵而在,何为无人。"

(《晏子春秋·杂下》)

想一想

这个成语故事中还包含着另一成语,它是"(　　)如雨"。

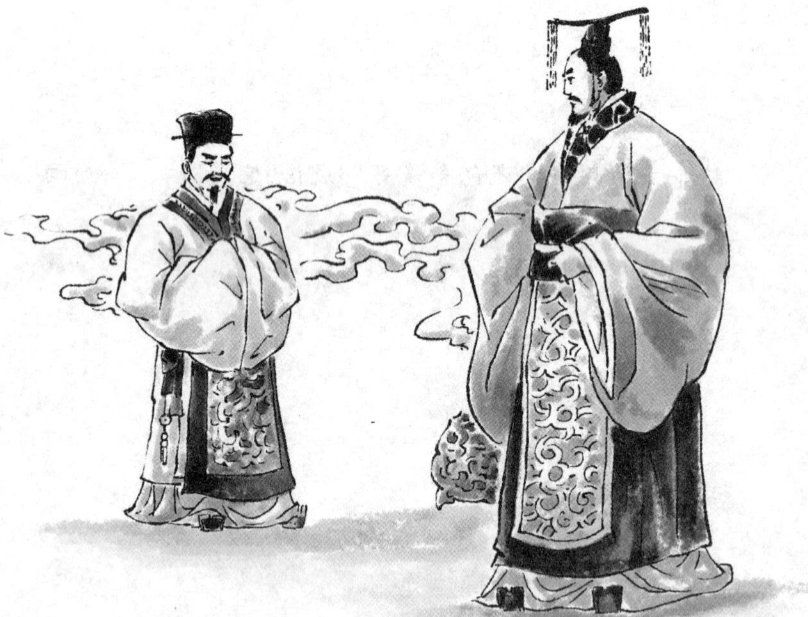

闭门思过

西汉昭帝时,韩延寿担任太守。有一天,他到属下高陵县巡视,刚好碰上一对儿兄弟为争分祖上留下的田地而向他告状。韩延寿看到这种情形后,十分惭愧(cán kuì)。于是他对手下的人说:"我作为太守,没能教化好百姓,以致让这类事情发生,我应该辞去官职,让给更有能力的人来干。"之后,他独自一人待在屋里,闭门思过。那两个告状的兄弟也被他感动了,流着泪向他请罪。

闭门思过——过:过错。

指不与人接触,独自反省自己的过错。

"因入卧传舍,闭阁思过。"

(《汉书·韩延寿传》)

想一想

"闭门思过"的"过",这里用作名词还是动词?

病入膏肓

春秋时,晋国国君景公得了重病,派人去秦国请一位叫缓的医生来看病。当缓还没有到晋国的时候,晋景公在病床上做了个梦,梦见两个小孩儿在谈话。一个说:"来的这个医生很厉害,我们逃到哪里去呢?"另一个说:"我们躲在肓(huāng)的上面,膏(gāo)的下面,看他怎样?"缓来后,看了看晋景公的病情,说:"大王的病医治不好了。病魔在肓的上面,膏的下面,药力是达不到的。"不久,晋景公就去世了。

病入膏肓——膏肓:古代医学把心尖脂肪叫"膏",心与膈膜之间叫"肓"。

比喻危机不可挽救。

"肓之上,膏之下,攻之不可。"

(《左传·成公十年》)

想一想

"病入膏肓"中的"肓"能写成"盲"吗?为什么?

不可救药

周厉王时有一个大臣名叫凡伯。凡伯能文能武,不仅把国事管理得井井有条,而且诗文也写得极为漂亮。他经常劝说周厉王任用贤人,远离小人。可昏庸的周厉王是非不分,常常把凡伯的话误解为挑拨离间,渐渐地疏远了他。此时,小人得志,把持朝政。凡伯气怒之下,写了一首诗,痛斥奸臣作恶多端,无法挽救。

不可救药——药:治疗。

比喻坏到无法挽救的地步。

"多将熇熇,不可救药。"

(《诗经·大雅》)

想一想

"不可救药"的"药"是动词,"良药苦口"的"药"也是动词吗?

不入虎穴,焉得虎子

东汉时,大将班超奉命前往西域,与鄯(shàn)善王互通友好,建立正常的友邻关系。班超刚到鄯善时,鄯善王很尊敬他,关系很融洽。可没过多久,匈奴也派使者来到这里,与鄯善王修好。班超等人因此受到了冷遇。班超对手下的人说:"如果鄯善王把我们交给匈奴,我们必死无疑。不入虎穴,焉(yān)得虎子,我们先杀了匈奴使者,这样就断了鄯善王投靠匈奴的念头。"于是他们马上行动,消灭了匈奴的人马。

不入虎穴,焉得虎子——穴:动物的窝。焉:怎么。

比喻不大胆实践,就不能取得成就。

"不入虎穴,不得虎子。"

(《后汉书·班超传》)

想一想

"不入虎穴,焉得虎子"的"焉"是表示疑问的词吗?

草木皆兵

　　前秦与东晋打仗,虽然前秦力量强大,兵将众多,但东晋军队作战勇敢,阵容严整,这就使前秦的将士们不免心生胆怯。前秦的国王苻(fú)坚更是害怕。他看见远远山上的草木,都以为是晋国的军队。后来,晋军与秦军在淝(féi)水这个地方进行了一次激烈的战斗,结果,晋军以少胜多,秦军大败。到了晚上,秦军只要听见林中的风声鸟声,就以为是晋军杀来了。

　　草木皆兵——皆:都。
　　　　　　　形容害怕到了极点,稍有一点动静就紧张起来。

"又北望八公山上草木皆类人形。"

(《晋书·符坚载记下》)

想一想

"草木皆兵"这个成语涉及植物,许多成语都包含有植物名称,想想下面成语空缺处应填上什么?

风吹(　)动　桃红(　)绿

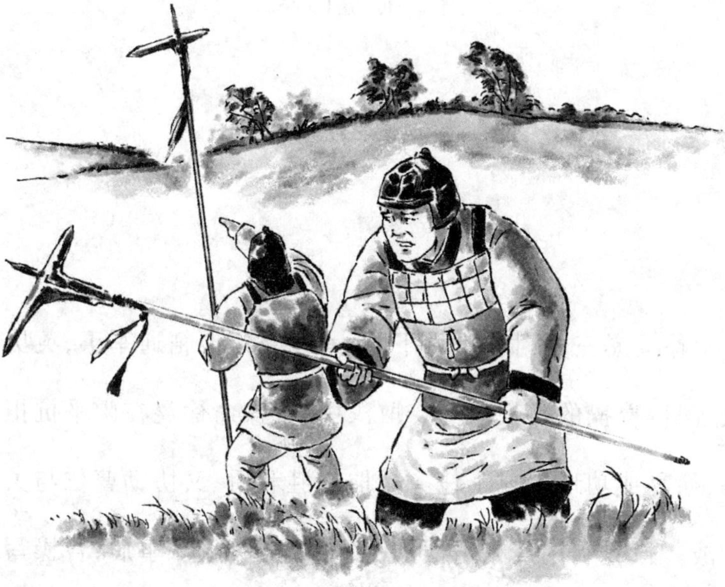

长驱直入

徐晃是三国时曹操手下的一位大将,他精通军事,英勇过人,深得曹操的赏识。为夺取汉中,曹操命徐晃在阳平抗拒刘备,徐晃成功地完成了任务。取得胜利后,又协助曹仁与关羽作战。徐晃利用声东击西的战术,大败关羽。事后,曹操写信给徐晃,说:"我用兵三十多年,所闻古代善于用兵的将领,还没有谁像你一样,能够长驱直入敌人包围圈的。"

长驱直入——驱:快跑。

长距离不停顿地快速前进。

"未有长驱径入敌围者也。"

(曹操《劳徐晃令》)

想一想

"长驱直入"常用来描写战争场面吗?

它含有势不可挡的意思吗?

初 出 茅 庐

东汉末年,刘备三顾茅庐,请诸葛亮出山,做了自己军中的军师。没多久,曹操派他的大将夏侯惇(dūn)率大军攻打屯兵河南新野的刘备。当时刘备的力量比较薄弱,手下才几千人马,而曹操却人多将广,双方力量悬殊较大。刘备非常着急。这时的诸葛亮却胸有成竹,镇定自若,指挥有方。他先是诱敌深入,然后在博望坡前布下埋伏,利用火攻,成功地击败了曹军。

初出茅(máo)庐——茅庐:草房子。

比喻刚刚步入社会,缺乏处世经验。

"直须惊破曹公胆,初出茅庐第一功。"

(《三国演义》)

想一想

"初出茅庐"这个成语故事的主人公是谁?

他与"三顾茅庐"的主人公是一个人吗?

程门立雪

　　杨时是我国北宋时期的一位著名学者,虽年近四十,但仍虚心向学。有一天,杨时前往洛阳拜访当时的理学大师程颐(yí),到了程颐家中,程颐正在睡觉。杨时便恭(gōng)恭敬敬地站在院子里等候。这时天下起了大雪,不知不觉,院里的积雪已有一尺多厚了。过了很久,程颐醒来,这才发现站在雪地里的杨时。杨时虚心好学的精神,深深地感动了程颐。

　　程门立雪——程:宋朝理学家程颐。立雪:站立在雪地里。比喻尊敬师长,虚心好学。

"颐既觉,则门外雪深一尺矣。"

(《宋史·杨时传》)

想一想

"程门立雪"与"报仇雪恨",这两个"雪"是一个意思吗?

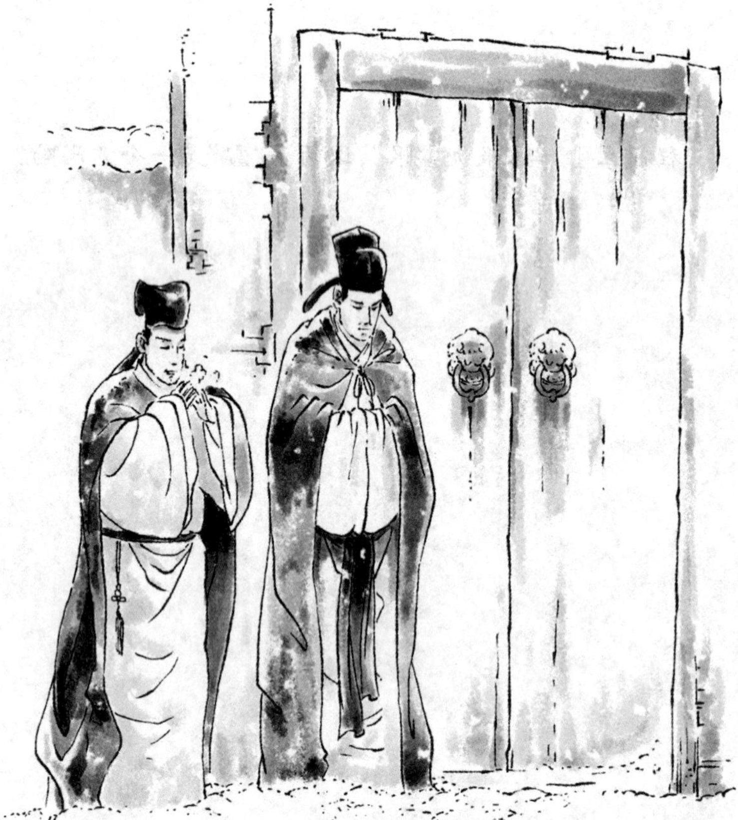

打草惊蛇

五代南唐时,当涂县有个县令王鲁,他贪婪(lán)无度,爱财如命。他手下的官吏也学着他的样子,对百姓敲诈(qiāo zhà)勒索。一天,百姓们联名写了一份状子,状告他手下的一位官吏贪赃(zāng)受贿(huì)。王鲁一看状子,见所写罪状和自己所作所为几乎一样,冒出一身冷汗,不由自主地在状子上批了八个字:"汝虽打草,吾已惊蛇。"意思是说,你们告发的虽然是他,但我已联想到我自己了,就像打草惊动了草丛里的蛇一样。

打草惊蛇——比喻行动不谨慎,使对方有所觉察,有所准备。

"汝虽打草,吾已惊蛇。"

(明·郎瑛《七修类稿》卷二十四)

想一想

"打草惊蛇"这个成语涉及动物,许多成语都带有动物的形象,想想下面成语空缺处应填上什么?

画( )添足　鬼哭( )嚎

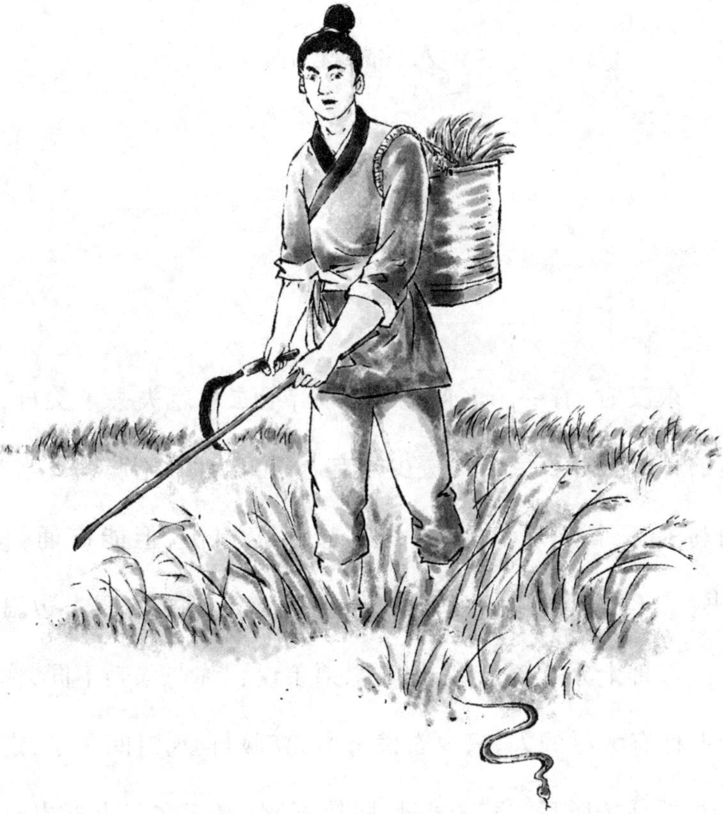

大器晚成

东汉时,有一个名叫马援的人,十二岁就失去了父母,靠他的哥哥抚养长大。马援少年有志,可生性并不聪明。当时,同村有一个叫朱勃的人,与马援年纪相仿,但能口诵《诗》《书》。马援见此,自愧不如,于是就向哥哥提出要去边疆放牧。哥哥十分了解弟弟,他安慰弟弟说:"你与朱勃不同,你属于那种有大材的人,只要奋发努力,克服自卑,时间久了,定成大器。"马援听后,发奋学习,坚持不懈,终于在五十五岁时被封为伏波将军。在东汉建立的过程中,马援屡建奇功,确实成了一名"大器晚成"的名将。

大器晚成——大器：原指宝贵的器物，这里比喻人才。意思是大材需要长时间才能成器。也用作对长期不得志的人的安慰话。

"汝大才，当晚成。"

（《后汉书·马援传》）

想一想

"大器晚成"是说一个人天生愚笨吗？

大义灭亲

春秋时期,卫国公子州吁为了能当上国王,与石厚勾结,杀死了自己的哥哥,自立为王。石厚为帮助州吁巩固王位,就去请教父亲石碏(què)。石碏故意让他们去找陈桓公。石厚与州吁一块儿准备了厚礼,到了陈国。可一到陈国,就被陈桓公扣押了。原来,这是石碏事先设下的计谋。后来石碏不顾众人求情,把儿子杀了。

大义灭亲——亲:亲属。

比喻为了国家利益,对犯罪的亲人不徇私情,使其得到应有的惩罚。

"大义灭亲,其是之谓乎!"

(《左传·隐公四年》)

想一想

"大义灭亲"的"义"是"正义"的意思吗?

对牛弹琴

春秋时期,鲁国有个著名的音乐家,名叫公明仪。他善于弹琴,而且弹得非常出色。有一天,他在弹琴的时候,抬头看见一头牛正在吃草,于是就决定弹一首曲子给牛听。一曲终了,牛却毫无反应,照样吃草。他又弹奏了几首,牛还是不加理会。最后,公明仪明白了,不是牛听不见琴声,而是牛听不懂这种曲调。

对牛弹琴——比喻对不懂道理的人大讲道理,白费口舌。

"是犹对牛鼓簧耳。"

(《庄子·齐物论》)

想一想

"对牛弹琴"含有轻视对方的意思吗?

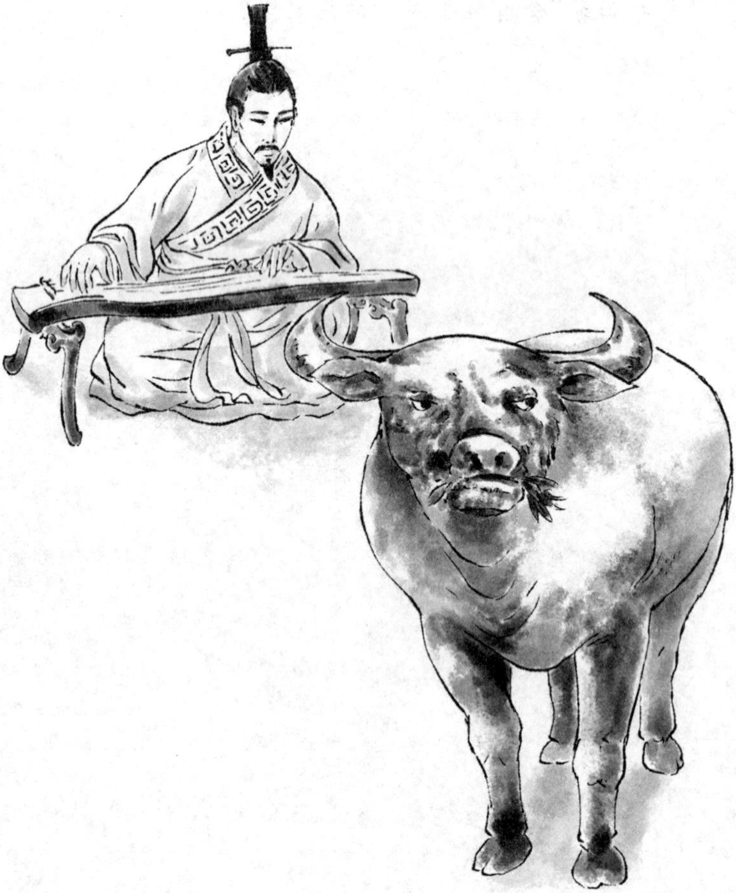

妒贤嫉能

秦朝末年,项羽起兵抗秦时,曾有不少贤臣名将,如范增、陈平、英布、韩信等,投奔在他的门下。但项羽不是看不起他们,就是嫉妒(jí dù)这些人的才能,致使这些人大都弃楚归汉,成为刘邦的得力大将和重要谋臣。项羽不善用人,最终成为孤家寡人,演出了一幕"霸王别姬"的悲剧。刘邦建立汉朝后,有一次他问群臣:"为什么我能取得天下,而项羽却不能呢?"大臣高起回答道:"项羽妒贤嫉能,害功臣,疑贤者,所以失去了天下。"

妒贤嫉能——嫉妒品德和才能超过自己的人。

"项羽妒贤嫉能,有功者害之,贤者疑之。"

(《汉书·高帝纪第一下》)

想一想

"妒贤嫉能"这个成语是褒义还是贬义?

恶贯满盈

商纣王是历史上一个有名的暴君,他作恶多端,民愤极大。因此,周武王兴兵讨伐商纣王,所到之处,受到百姓的极大欢迎。大军打过黄河后,周武王向全体将士发布了誓师宣言《泰誓》。《泰誓》中写道:"商罪贯盈(yíng),天命诛之。"意思是说,商纣王作恶太多,就像用绳子串钱一样,已经串满了一根绳子。这样的人,天意一定要让人杀了他。

恶贯满盈——贯:串物或钱的绳子。盈:满。

形容罪大恶极,到该受惩罚的时候了。

"商罪贯盈,天命诛之。"

(《尚书·泰誓》)

想一想

"恶贯满盈"的"盈"与"热泪盈眶"的"盈",意思一样吗?

奉公守法

战国时,赵国有个叫赵奢(shē)的人。当他担任田部吏的时候,有一次他去征收租税,平原君赵胜家拒不交租。于是,赵奢依法杀了平原君手下的九个打手。平原君大怒,要杀掉赵奢。赵奢毫不畏惧,他对平原君说:"你身为赵国的贵公子,纵容家人拒不交租,这是无视国家法律的行为。以你的地位和权势,如果能够奉公守法,那么上上下下都会敬佩你、效法你。"平原君听后,觉得很有道理,就让家人交上了租税。

奉公守法——遵守国家规定的法令制度。

"奉公如法则上下平。"

(《史记·廉颇蔺相如列传》)

想一想

"奉公守法"的"公",意思与"私"相对吗?

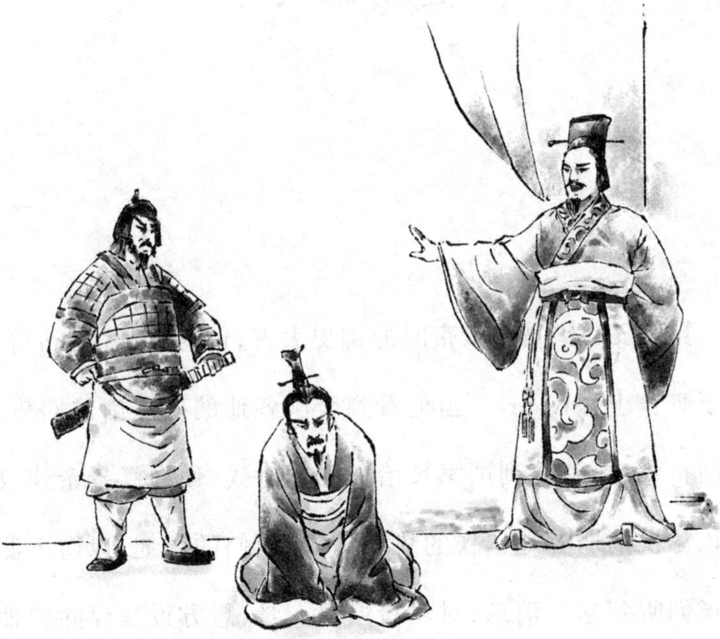

赴汤蹈火

晁(cháo)错是汉景帝时的御史大夫,他为人耿(gěng)直,敢于直言上谏(jiàn)。当他看到全国各地的刘姓诸侯们势力逐渐扩大,要威胁到国家长治久安的时候,便向汉景帝建议,应该尽快削弱各地诸侯的势力,削减他们的领地,以防不测。诸侯们听到这个消息,对晁错恨之入骨,想方设法要除掉他。晁错的父亲得知儿子的危险处境后,告诫儿子少管闲事。晁错回答道:"为了国家,我就是赴汤蹈火,也在所不辞。"

赴汤蹈火——赴:奔向。汤:烧开的水。蹈:踩。
比喻不怕任何艰险。

"赴汤蹈火,视死如生。"

(《汉书·晁错传》)

想一想

"赴汤蹈火"这个成语中,表示动作的是哪两个字?

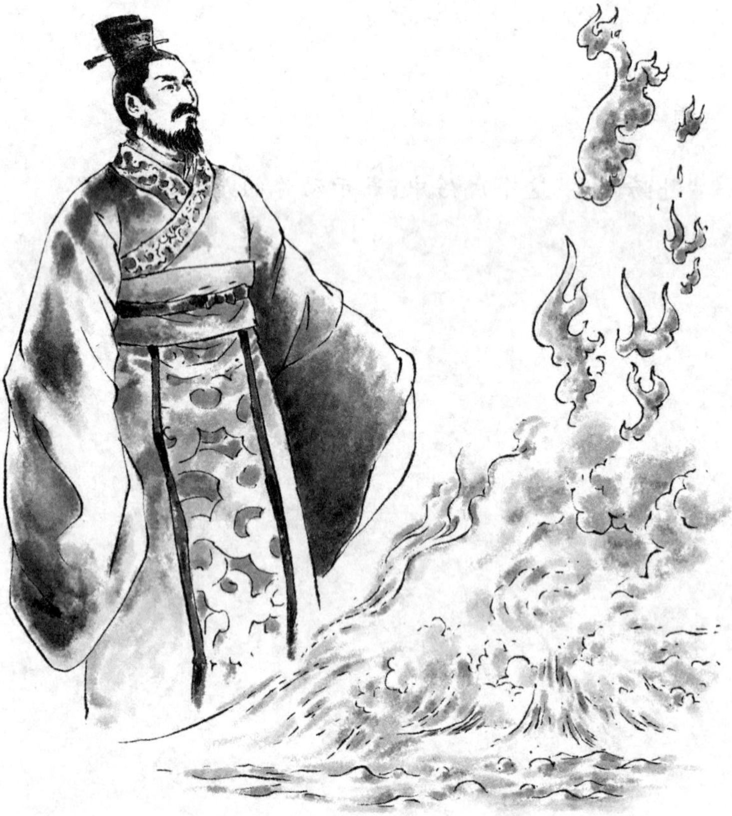

高枕无忧

战国时期,齐国有一个有名的贵族孟尝君。一天,他派手下的冯谖(xuān)去薛地要债。冯谖到薛地要完债后竟然把债据都烧了,并说:"孟尝君把大家的债务都免了。"百姓们很高兴,可孟尝君听后非常生气。几年后,孟尝君被罢免回到薛地,没承想当地的老百姓都来迎接他。这时冯谖对孟尝君说:"您可以把枕头垫得高高的睡大觉了,国家没有什么可以担忧的了。"

高枕无忧——忧:忧虑。

比喻无所忧虑。

"则大王高枕而卧,国必无忧矣。"

(《战国策·魏策一》)

想一想

"高枕无忧"与"忧心忡忡"是一对反义词吗?

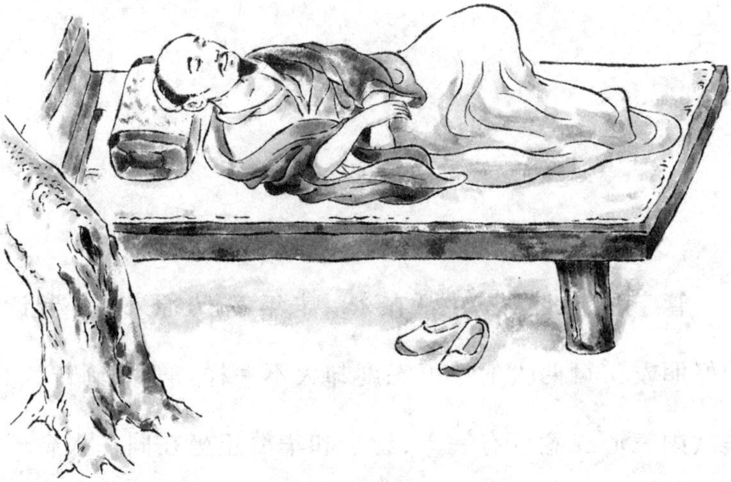

割席绝交

管宁和华歆(xīn)生活在东汉末年,两人原来是一起读书的好朋友。可两人的读书态度却大不一样。管宁刻苦认真,华歆则三心二意。有一天,管宁和华歆正坐在同一张席子上读书,这时,有一个坐着轿子的达官贵人从门前经过。管宁不予理会,仍埋头读书,可华歆却跑出去看热闹。管宁见华歆读书这么不认真专一,又想起他平时的浮躁作风,于是便决然地把坐席割成两半,表示与华歆绝交。

割席绝交——绝:断绝。

形容朋友之间断绝交情。

"宁割席分坐,曰:'子非吾友也。'"

(《世说新语·德行》)

想一想

"割席绝交"也叫"割席分坐"吗?

它们出于同一成语故事吗?

害群之马

传说,有一天,黄帝带着一行人马外出,走到襄(xiāng)城的时候,迷路了。正在此时,迎面走来一个放马的小男孩儿。黄帝一眼看去,发现这个男孩儿有聪慧过人之处,于是就问:"你可知道怎样治理天下?"这个男孩儿想想说:"治理天下就如同放马一样,只不过是把危害马群的马驱除出去而已。"黄帝听后,深深地点了点头,觉得很有道理。

害群之马——比喻危害集体的人。

"亦去其害马者而已矣。"

(《庄子·徐无鬼》)

想一想

"害群之马"中表示数量的词是哪一个?

邯郸学步

邯郸(hán dān)是战国时期赵国的都城,据说这个地方的人走路的姿势特别优美。燕国有位少年不辞辛苦来到邯郸,要学这里的人走路。他一边观察邯郸人的走路姿势,一边学习模仿。可没有几天,他就坚持不下来了,越学越别扭,越走越不自然。不仅没有学会邯郸人走路,而且连自己原来走路的动作也忘了,只好爬着回到了燕国。

邯郸学步——学步:学走路。

比喻生搬硬套地模仿别人,闹出笑话。

"且子独不闻夫寿陵余子之学行于邯郸与?"

(《庄子·秋水》)

想一想

"邯郸学步"中的"邯郸"是人名还是地名?

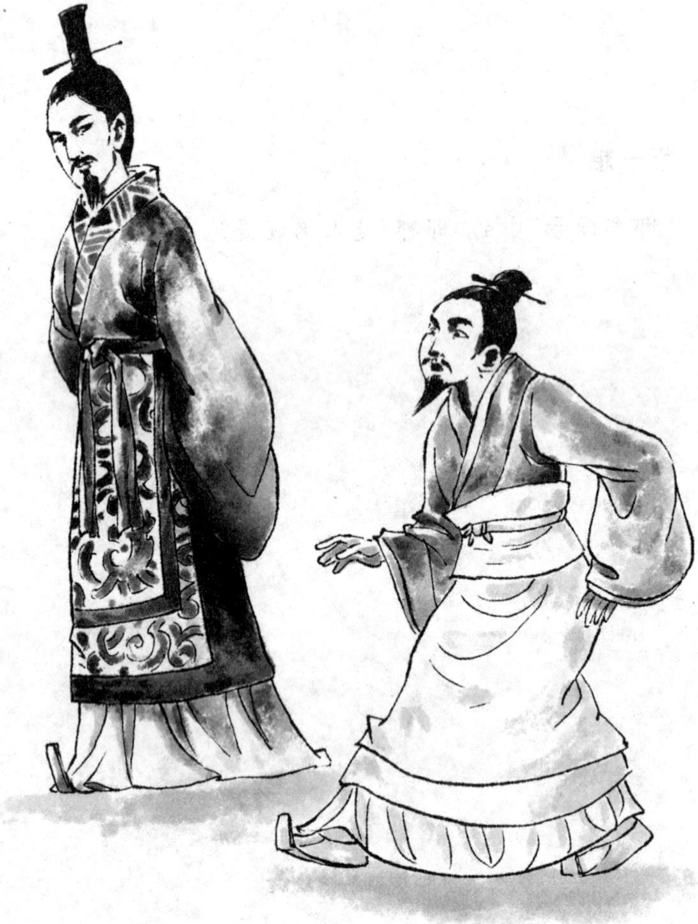

华而不实

春秋时,晋国有个大臣名叫阳处父,喜欢高谈阔论。有一次,宁嬴前去投奔他。可没过几天,宁嬴就回来了。妻子问他为什么这么快就回来了,他说:"阳处父这个人好讲空话,不办实事,这就好像一棵树,花虽然开得好看,可就是不结果实。你想想看,像这样华而不实的人,别人一定都怨恨他,积怨多了,我再跟着他,必定也会受到连累的。"果然,一年后,阳处父就被人杀了。

华而不实——华:开花。实:结(果实)。

比喻徒有漂亮外表,而无实际内容。

"且华而不实,怨之所聚也。"

(《左传·文公五年》)

想一想

"华而不实"的"实",应理解为"果实"(名词)还是"结(果实)"(动词)?

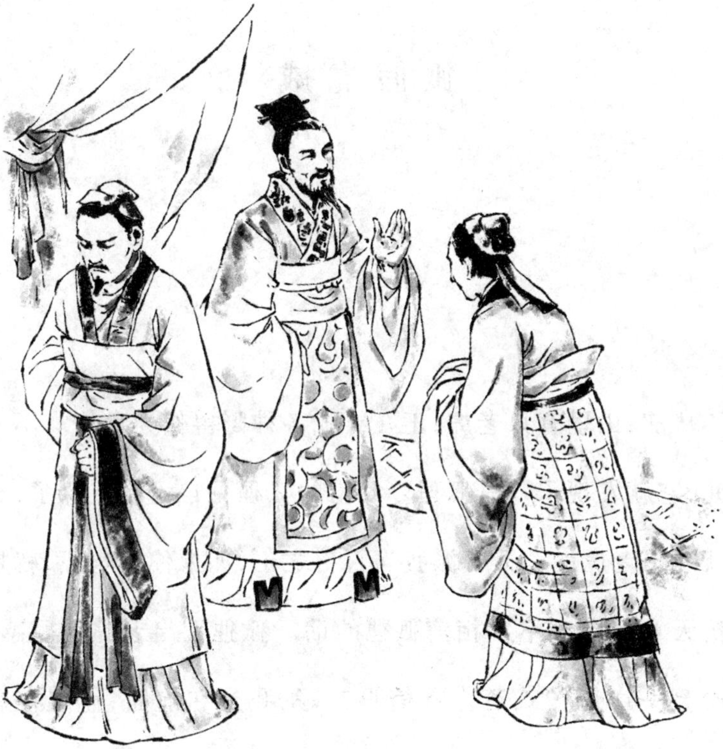

狐假虎威

从前,山里有只老虎,正在寻找各种野兽作为食物。不一会儿,它就发现了一只狐狸。狡猾的狐狸见自己没处躲了,于是就恐吓老虎说:"天帝派我当百兽之王,如果你敢吃我,就是违抗天意。"老虎不大相信狐狸的话。狐狸看出老虎的疑惑,又冷笑一声道:"难道你不信吗?好,我走在前面,你跟在后面,看那些野兽哪个见我敢不逃跑!"于是,它们一前一后往前走。果然,野兽们看见老虎来了,纷纷逃命。老虎还真的以为它们害怕狐狸呢。可老虎万万没想到,它们怕的正是它自己。

狐假(jiǎ)虎威——假:借助。威:威风。

比喻倚仗别人的权势欺压人。

"虎不知兽畏己而走也,以为畏狐也。"

(《战国策·楚策一》)

想一想

"狐假虎威"的"假",应理解为"虚假"还是"借助"?

画 龙 点 睛

南北朝时期,梁朝有位著名的画家,名叫张僧繇(yáo)。有一天,他在金陵安乐寺的墙壁上画了四条龙。龙画好了,简直跟真的一样,活灵活现。可仔细一看,却都没有眼睛。于是观看的人好奇地问他,这是为什么?张僧繇回答说:"如果点上眼睛,龙就会破壁而出了。"人们不信,张僧繇就给其中的一条龙点上了眼睛。霎时间,电闪雷鸣,那条龙腾空而去。

画龙点睛——比喻说话、写文章时,在关键地方用精辟的词句三言两语点明主题,使内容更加生动有力。

"金陵安乐寺四白龙不点眼睛,每云:'点睛即飞去。'"

(唐·张彦远《历代名画记》)

想一想

"画龙点睛"与"画蛇添足"的意思相近还是相对?

黄粱一梦

唐朝时,有个书生名叫卢生。有一年,他进京赶考,半路投宿在旅店时遇上一个道士。这个道士送给他一个青瓷(cí)枕。晚上,旅店店主煮了一锅黄粱(liáng)米饭,卢生在一旁枕着青瓷枕睡着了。在梦里,卢生梦见自己升官发财,娶妻生子,心里舒服极了。可是到他八十岁时,得了重病,眼看就要死了。就在此时,卢生大叫一声,从梦里醒来。这时他才发现,原来这是一场梦,而此时店主人的黄粱米饭还没煮熟。

黄粱一梦——黄粱:小米。

比喻好事成空或幻想破灭。

"(卢生)言讫,而目昏思寐。时主人方蒸黍。翁乃探囊中枕以授之。"

(唐·沈既济《枕中记》)

想一想

"黄粱一梦"的"粱"能写成"梁"吗?为什么?

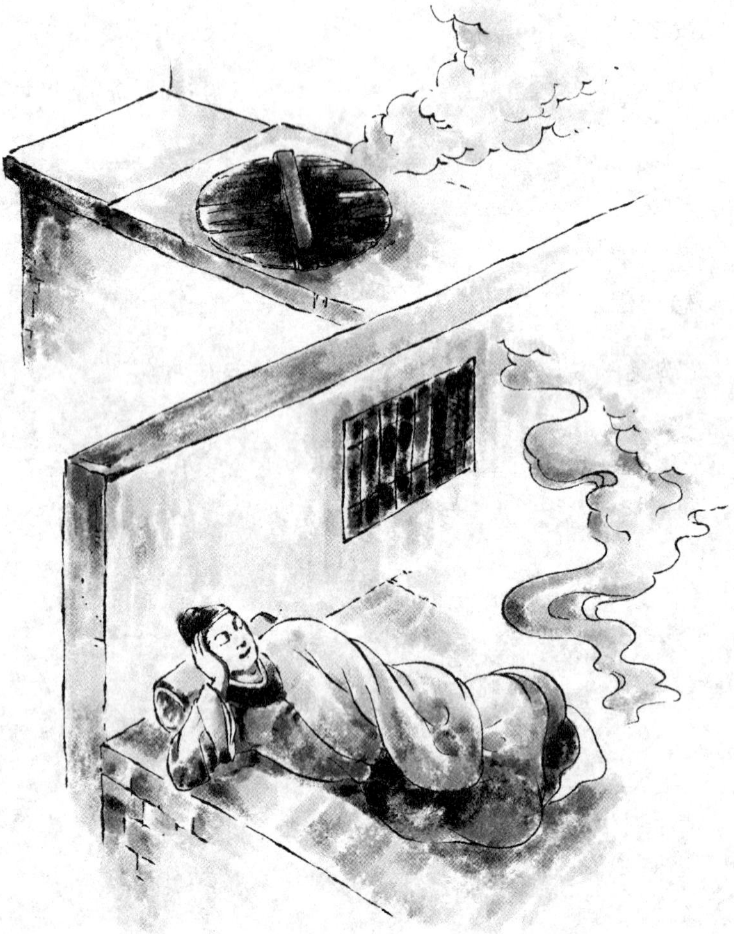

家喻户晓

　　从前有个梁姑姊,带着自己的儿子和侄子一起生活。一天,她正在屋外干活,忽然,他们住的那间草房子着起大火来。这时,她的儿子和侄子还在屋里睡觉。她立即冲进屋里,想先救出侄子,可抱出的却是自己的儿子。面对熊熊大火,她伤心地说:"我虽不是有意要这样,可我怎能让家家户户的人都知道,我不是个自私自利的人呢?"于是,她又一次冲进大火里,可再也没见她出来。

　　家喻户晓——喻:明白。晓:知道。
　　指家家户户都知道。

"而遽有免罪之旨,不可以家喻户晓。"

(宋·楼钥《缴郑熙等免罪》)

想一想

"家喻户晓"这个成语中,"家喻"对应"户晓",结构并列,意思相近。成语"天长地久"也是这样的结构吗?

骄兵必败

西汉时,朝廷派郑吉率大军攻打车师国。匈奴得知车师国降汉以后,认为车师土地肥美,不可不夺,于是发兵解围。郑吉等人因兵力不足,被匈奴所困。这时,郑吉派人给汉宣帝送信,请求支援。汉宣帝得知这一消息后,便与大臣们商量。丞相魏相认为,依仗国家大、人口多,对外炫耀武力,威胁他人者,称为骄兵,骄兵是一定要失败的。汉宣帝听从了魏相的意见,取消了发兵车师的计划。

骄兵必败——骄兵:恃强轻敌的军队。

比喻自认为强大而轻敌的军队必定要打败仗。

"兵骄者灭。"

(《汉书·魏相传》)

想一想

"骄兵必败"的"兵"指的是"兵器"还是"军队"?

狡兔三窟

战国时,齐国相国孟尝君门下有一个食客名叫冯谖(xuān)。有一次,他对孟尝君说,为了躲避灾难,狡猾的兔子都为自己准备三个洞穴。他建议孟尝君也为自己多找几个藏身的地方,并亲自为孟尝君开辟了三个藏身的"洞穴":一是把薛地人们欠孟尝君的债券全都烧了,叫人们记住孟尝君的好处;二是向梁惠王鼓吹孟尝君的才能,等到梁惠王来请时,又劝说孟尝君不去,使齐王用更隆重的礼节再度请孟尝君做相国;三是劝孟尝君向齐王请求赐予先王传下的祭(jì)器,放在薛地,建立宗庙,以保证薛地的安全。冯谖说,当这"三窟"建好后,您就可以高枕无忧了。

狡兔三窟——狡：狡猾。窟：洞穴。

比喻掩蔽的方法要多有几个，才便于逃避灾祸。

"狡兔有三窟，仅得免其死耳。"

（《战国策·齐策四》）

想一想

"狡兔三窟"的"三"是"三个"的意思，还是表示"多"的意思？

金玉其外,败絮其中

刘伯温是明朝的大臣。一天,他在街上买了几个黄澄澄、亮晶晶的柑子。可不一会儿,他就发现这些柑子虽然表面上看起来很漂亮,但里面的果肉却已干缩变质,就像破旧的棉絮(xù)一样。于是他便责备卖柑子的人,可卖柑子的人却说:"你看朝廷上的那些大臣,表面上个个道貌岸然,其实真正有才能管理国家的又有几个?他们就像这些柑子一样,外表上如金似玉,可里面早就像破旧的棉絮一样了。"

金玉其外,败絮其中——比喻外表好看,可实质却很糟糕。

"又何往而不金玉其外,败絮其中也哉。"

（明·刘基《卖柑者言》）

想一想

"金玉其外,败絮其中"与"华而不实"的意思相近吗？

九牛一毛

李陵是汉武帝时的大将。有一次,北方的匈奴发兵进犯,李陵率领五千人马前去迎战。但是,由于寡(guǎ)不敌众,经过艰苦的战斗,最终还是失败了。李陵也被敌军俘虏。汉武帝认为,李陵是向敌人投降,于是下令抄斩李陵全家。司马迁为李陵辩解说情,这下可惹怒了汉武帝,被处以宫刑。遭受如此严重伤辱,司马迁想一死了之,但转念一想,假如我这样死去,就像九牛身上失去一根毫毛,和蝼蚁(lóu yǐ)的死亡有什么两样?于是他发愤著述,终于完成了《史记》这部伟大著作。

九牛一毛——九:形容多。

比喻极为渺小、轻微。

"若九牛亡一毛,与蝼蚁何以异?"

(汉·司马迁《报任少卿书》)

想一想

"九牛一毛"中的"九牛",真的是指九头牛吗?

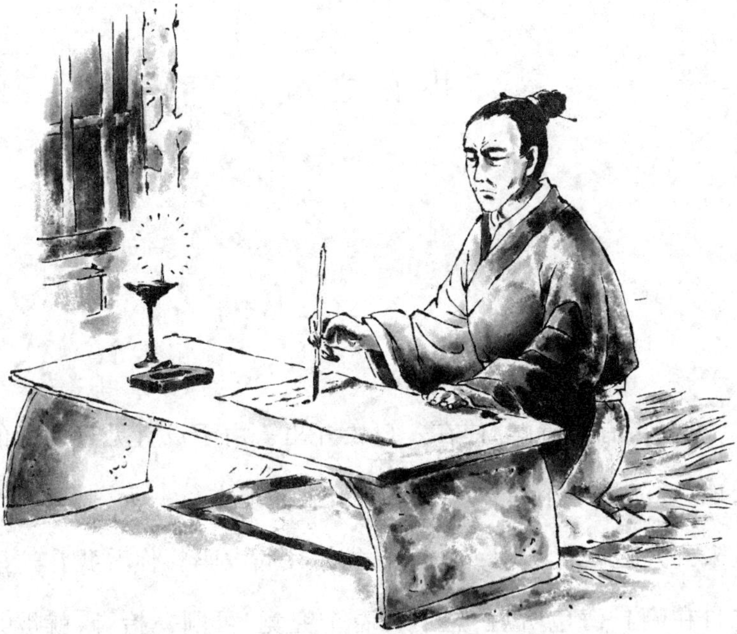

井底之蛙

从前,有只青蛙,住在一口废井里。由于没有见过外面的天地,它就把小小的井底看成是最大的地方。一天,一只大海龟来到井边。青蛙问:"大海有我的井底大吗?你看我在这里多自在啊!"海龟听后,想下去看个究竟,可刚一抬脚,就被井口卡住了。于是,它告诉青蛙,东海茫茫无边,大得很呢。青蛙这才知道自己太渺(miǎo)小,太无知了。

井底之蛙——比喻眼界狭窄、见识短浅的人。

"井蛙不可以语于海者,拘于虚也。"

(《庄子·秋水》)

想一想

"井底之蛙"与"坐井观天",这两个成语的意思相近吗?

开诚布公

诸葛亮是三国时期蜀国的一位政治家和军事家,他辅佐刘备建立蜀汉,为蜀汉的壮大和富强立下了汗马功劳。刘备死后,其子刘禅即位,诸葛亮被封为武乡侯。由于刘禅的平庸,许多事情都必须由诸葛亮亲自过问。诸葛亮辅政期间,爱护百姓,秉公办事,廉洁自律,深受当时人们的爱戴。后来《三国志》的作者陈寿在为诸葛亮作传记的时候,称赞诸葛亮"开诚心,布公道"。意思是说,诸葛亮能够诚心待人,坦白无私,真诚地表明自己的观点。

开诚布公——开诚:敞开胸怀。布公:公正无私。

形容发表意见时态度诚恳,坦白无私。

"诸葛亮之为相国也……开诚心,布公道。"

(《三国志·蜀志·诸葛亮传评》)

想一想

"开诚布公"的"诚"能写成"城"字吗?为什么?

刻舟求剑

战国时有个楚国人，一次，他在乘船过江的时候，一不留神把一把宝剑掉到江里去了。他急忙拿出一把小刀，在船边掉下剑的地方刻上一道痕迹，作为记号。嘴里还不停地提醒自己："千万可别忘了，我的剑是从这儿掉下去的。"过不多久，船靠岸了，他在刻有记号的地方跳下水去，四处捞(lāo)寻宝剑，可结果什么也没有找到。

刻舟求剑——比喻固执拘泥，不知变通。

"其剑自舟中坠于水,遽契其舟。曰:'吾剑之所从坠。'"

(《吕氏春秋·察今》)

想一想

"刻舟求剑"的"求"指的是"寻求"还是"探求"?

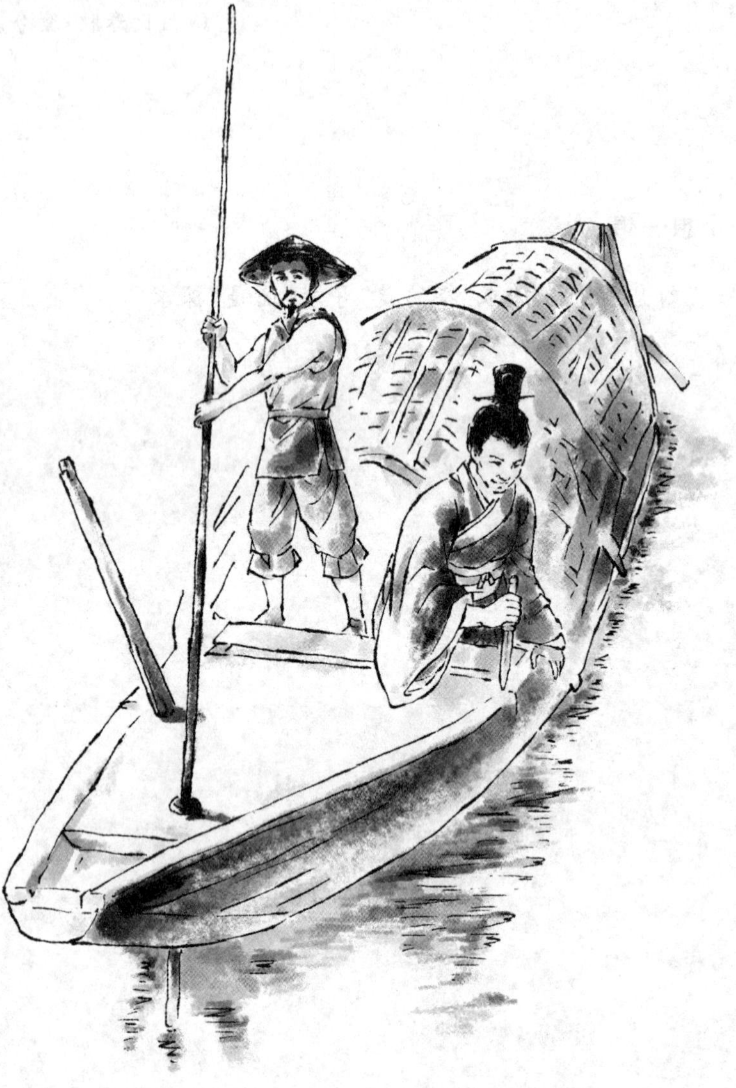

开卷有益

宋太宗赵光义继位后,命当时的著名学者李昉主持编纂(zuǎn)一部大型的百科全书。经过多年努力,这部千余卷的皇皇巨著终于完成了。宋太宗取书名为《太平御(yù)览》,并规定自己每天至少要看三卷。如果当天有事没有阅读,改日一定找时间补上,左右的人都劝他要注意休息,他却说:"读书很有好处,我并没有觉得疲劳呀!"

开卷有益——卷:书。

指多读书就会得到好处。

"开卷有益,朕不以为劳也。"

(宋·王辟之《渑水燕谈录》)

想一想

"开卷有益"与"卷土重来",这两个"卷"哪一个是名词?哪一个是动词?

口蜜腹剑

唐玄宗时,有位奸臣叫李林甫,他身为宰相,却阴险奸诈,而且很会拍马屁。当时,朝里有个中书侍郎严挺之,为人刚正,对李林甫的所作所为极为不满。李林甫就在唐玄宗面前恶意中伤严挺之。于是,唐玄宗就把严挺之贬(biǎn)到洛阳做刺史。过了一段时间,唐玄宗又打算重新召严挺之回朝,但李林甫却胡说严挺之身有重病,不能委以重任。又有一次,李林甫对大臣李适之说华山附近有金矿,李适之就把这事报告给了唐玄宗。唐玄宗问李林甫有无此事,李林甫甜言蜜语地说:"臣早已知道,但华山是陛下的根基所在,不能开采啊!"时间一长,朝里的人都说李林甫是个"口有蜜,腹有剑"的小人。

口蜜腹剑——腹：内心。

比喻嘴甜心狠，言行不一。

"口有蜜，腹有剑。"

(《资治通鉴·唐纪》)

想一想

"口蜜腹剑"的"腹"能写成"复"吗？为什么？

老马识途

春秋时期,齐桓(huán)公远征孤竹国。春天出发,直到冬天才回来,当他们走进一个山谷里的时候,很不幸,他们迷失了方向。正在左右为难,相国管仲牵来一匹马,说老马能认路。于是他们解开马的缰(jiāng)绳,然后由老马自己随意走。老马在前面走,众人跟在后面,转来转去,曲曲弯弯,终于走出了山谷,找到了回去的路。

老马识途——识:辨认。

比喻对情况熟悉,经验丰富,往往能解决其中的疑难问题。

"乃放老马而随之,遂得道。"

(《韩非子·说林上》)

想一想

"老马识途"的"识"与"慧眼识金"的"识",意思一样吗?

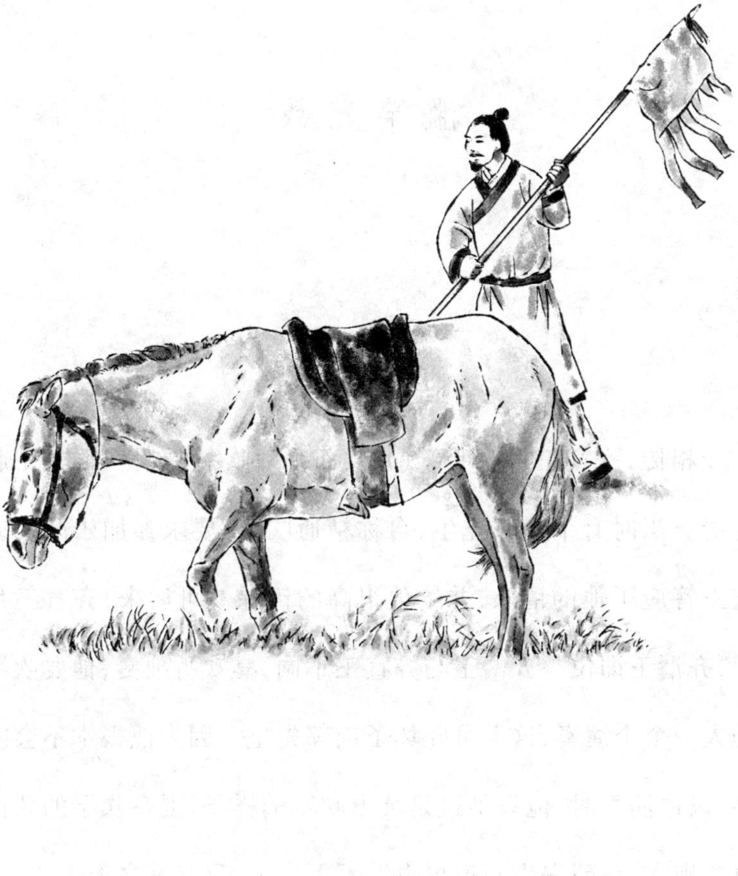

滥竽充数

相传,齐宣王喜欢听竽(yú),而且每次总是叫三百人一起合奏。当时有个南郭先生,自称精通吹竽,要求参加乐队。齐宣王答应了他的请求,并给他很高的俸禄。可后来,齐宣王死了,齐湣王即位。齐湣王与齐宣王不同,喜欢听独奏,他要吹竽的人一个个演奏,这下可吓坏了南郭先生。因为他根本不会吹竽,以往演奏时,他只不过是装出吹竽的样子,混在吹竽的队伍里。现在,南郭先生知道再也混不下去了,只好逃之夭夭。

滥(làn)竽充数——滥:不加选择。竽:一种乐器。

比喻没有真才实学,只是充数混日

子。有时也表示自谦。

"南郭处士请为王吹竽……"

（《韩非子·内储说上》）

想一想

"滥竽充数"中的"滥"能写成"烂"吗？为什么？

狼狈为奸

传说狼的前腿长,后腿短,而狈(bèi)的后腿长,前腿短。狼靠狈的帮助,才能疾行跳跃;狈靠狼的帮助,才能快速奔跑。狼和狈经常勾结在一起干坏事。一天晚上,狼和狈偷偷来到一个羊圈外,狼骑在狈的脖子上,用前腿抓住羊圈栅栏,把头伸进羊群,叼起一头羊。就在这时,羊的主人发现了,狈于是就将前腿架在狼的后腿上,飞快地逃跑了。

狼狈为奸——为:做。

比喻坏人勾结在一起干坏事。

"狈前足绝短,每行常驾两狼。"

(唐·段成式《酉阳杂俎·广动植》)

想一想

"狼狈为奸"是褒义还是贬义?

乐不思蜀

三国末期,蜀(shǔ)汉后主刘禅昏庸无能,治国无方,最后被魏国所灭。刘禅也被迫迁往魏国都城洛阳去居住。有一天,魏国大臣司马昭设宴招待刘禅,席间,司马昭让蜀人表演蜀国的歌舞,蜀国的旧臣无不潸(shān)然泪下,只有刘禅嬉笑自如,毫无亡国之痛。见此情景,司马昭故意问刘禅:"你还想蜀国吗?"刘禅高兴地回答:"此间乐,不思蜀。"意思是说,我在这里很自在,不再想蜀国了。

乐不思蜀——乐:快乐。

比喻乐而忘返或乐而忘本。

"此间乐,不思蜀。"

(《三国志·蜀书·后主禅传》)

想一想

"乐不思蜀"中的"蜀"指的是什么地方?

洛阳纸贵

左思是晋朝著名的文学家,出身寒微,为了写出《三都赋》,他遍游名城,苦心构思,吃了不少苦。这时,大文豪陆机也来到洛阳,准备写《三都赋》,听说左思正在写,心想他也配,写出的东西只能给我盖酒坛子。左思听说后,毫不气馁(něi),发奋写作,用了整整十年时间终于写出了闻名天下的优秀文学作品《三都赋》。陆机读了这篇文章后,自愧不如。《三都赋》轰动了洛阳,大家争着买纸抄写,洛阳的纸张顿时短缺,价格也因此上涨。

洛阳纸贵——比喻好文章、好书籍风行一时,广为流传。

"洛阳为之纸贵。"

(《晋书·文苑传》)

想一想

"洛阳纸贵"缘于晋朝哪位文学家写的哪篇作品?

励精图治

公元前七十四年,汉宣帝刘询继位。大将霍光居功自傲,独揽(lǎn)朝政,他的朋党亲信充塞朝廷,连宣帝都怕他三分。在这种情况下,汉宣帝的许多施政措施不能得到很好的贯彻。没过几年,霍光病死,汉宣帝摆脱了羁(jī)绊,开始亲临朝政。他决心革除霍光在世时的各种弊政,振奋精神,把国家治理好,使百姓都能够安居乐业。

励精图治——励:振奋。图:谋求。治:太平。

比喻奋发振作,力图把国家治理好。

"宣帝始亲万机,励精为治。"

(《汉书·魏相传》)

想一想

"励精图治"与"治病救人"的"治"是一个意思吗?

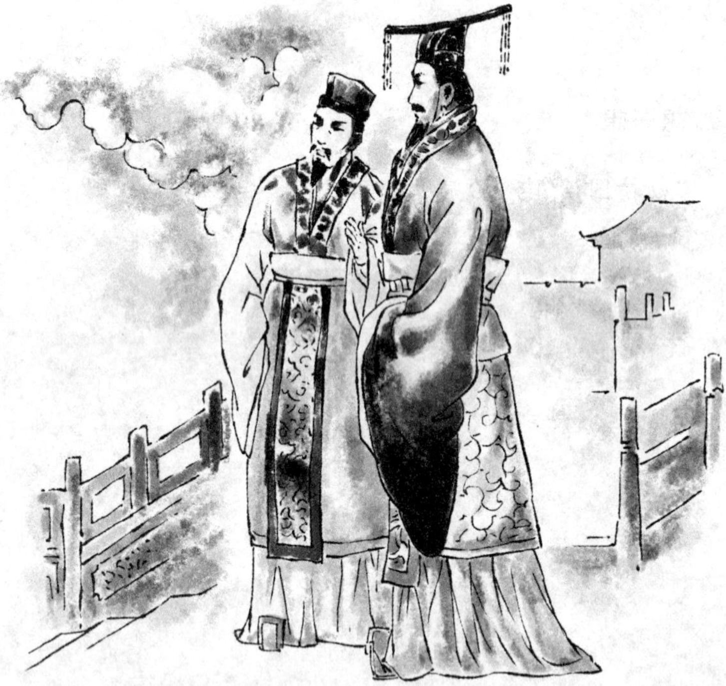

买椟还珠

战国时,有个楚国商人到郑国卖珠宝。他用上等的木料做成一个盒子,然后用香料来熏(xūn)烤,再刻上栩(xǔ)栩如生的玫瑰花图案,镶嵌(xiāng qiàn)上翡翠、珠玉等装饰物,把这个盒子装扮得无比精致。然后才把一颗极其珍贵的珍珠装在里面。不一会儿,一个买主来了,他看到这个盒子,喜欢极了。于是,他买下了它。可是,这位买主却打开盒子,取出珍珠还给商人,只拿着盒子走了。

买椟(dú)还珠——椟:木匣。

比喻舍本逐末,或取舍不当。

"郑人买其椟,而还其珠。"

(《韩非子·外储说左上》)

想一想

"买椟还珠"的"还"读作(　　),它是个多音字吗?

毛遂自荐

战国时期,秦国攻打赵国,赵国公子平原君想带二十名食客到楚国去讨救兵。他从自己千余名食客中只挑选出十九人陪伴自己前往,但是没有一个令他十分满意的。这时,一个叫毛遂(suí)的人主动站出来,请求一同前往,平原君答应了。赵国使者到楚国,与楚王谈了很长时间也没有结果。大家正在着急,这时毛遂走上前去,向楚王陈说利害,分析天下局势,终于打动了楚王,当场同意楚赵结盟,联合抗秦。

毛遂自荐——荐:推荐。

比喻自告奋勇,自我推荐。

"毛遂按剑上阶,直陈利害。"

(《史记·平原君列传》)

想一想

"毛遂自荐"与"自吹自擂"的意思一样吗?

孟母三迁

孟子是我国战国时代杰出的思想家,被人们称为"亚圣"。孟子三岁丧父,由母亲抚养长大。开始,他们家住在一片墓地附近,由于经常能看到出殡的场面,孟子与小伙伴儿就经常玩下葬的游戏。后来他们搬到了一个集市附近,时间一长,受环境的影响,孟子又玩起做买卖的游戏来了。后来母子俩又搬到一所学校附近。这时,孟子模仿起学校的规矩,学习师生之间的礼节,很喜欢读书。于是,孟子的母亲就定居在这里。

孟母三迁——迁:迁移。

比喻注意选择良好的教育环境。

"邹孟轲之母也，号孟母。其舍近墓，孟子之少也。……此三迁之事也。"

（汉·刘向《列女传·母仪》）

想一想

"孟母三迁"这个成语故事的主人公是孟子吗？

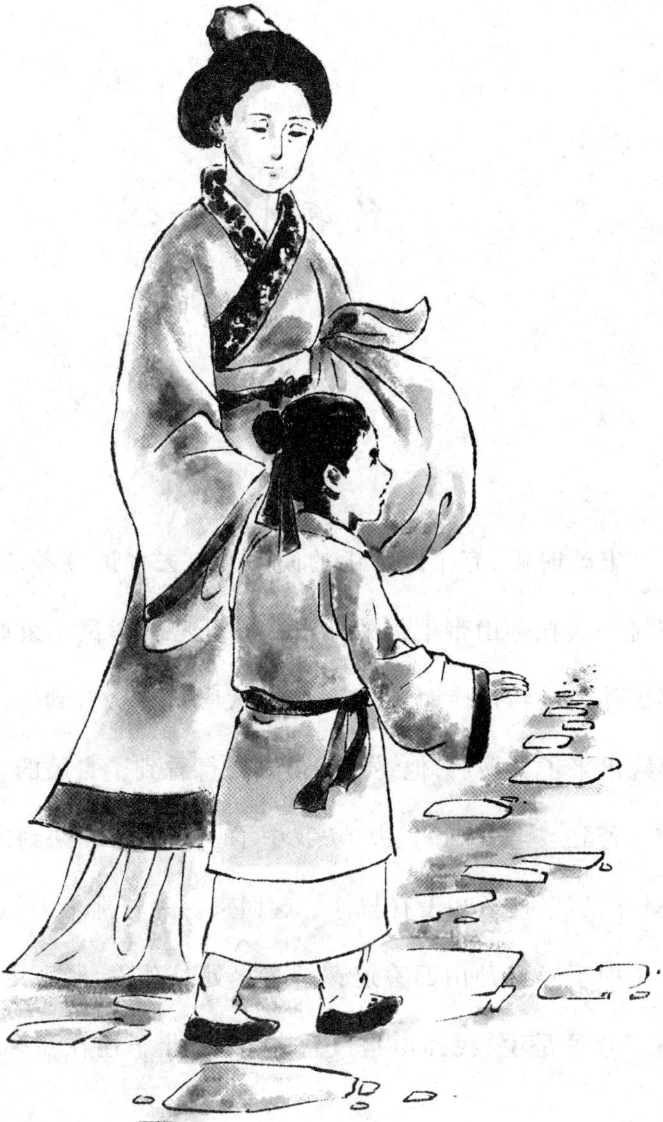

名落孙山

宋朝时候，有个叫孙山的读书人前去乡试应考，临行前，邻村一人托孙山带上他的儿子一同赶考。考试结束后，发榜那天孙山赶到张榜地点，瞪(dèng)大眼睛从头看到尾，心都快要跳出来了。最后，他终于在最末一行看到了自己的名字，他惊喜若狂，连声惊呼："中了，我中了！"孙山连夜回到家里，而邻村的那个孩子却没有与他一起回来。邻村那个人问："我儿子考中了吗？"孙山回答道："解名尽处是孙山，贤郎更在孙山外。"意思是说，我孙山是最后一名，你儿子还在我孙山后面哩。

名落孙山——落：留在后面。

指考试不合格，没有被录取。

"解名尽处是孙山，贤郎更在孙山外。"

（宋·范公偁《过庭录》）

想一想

"名落孙山"是"榜上无名"的意思吗？

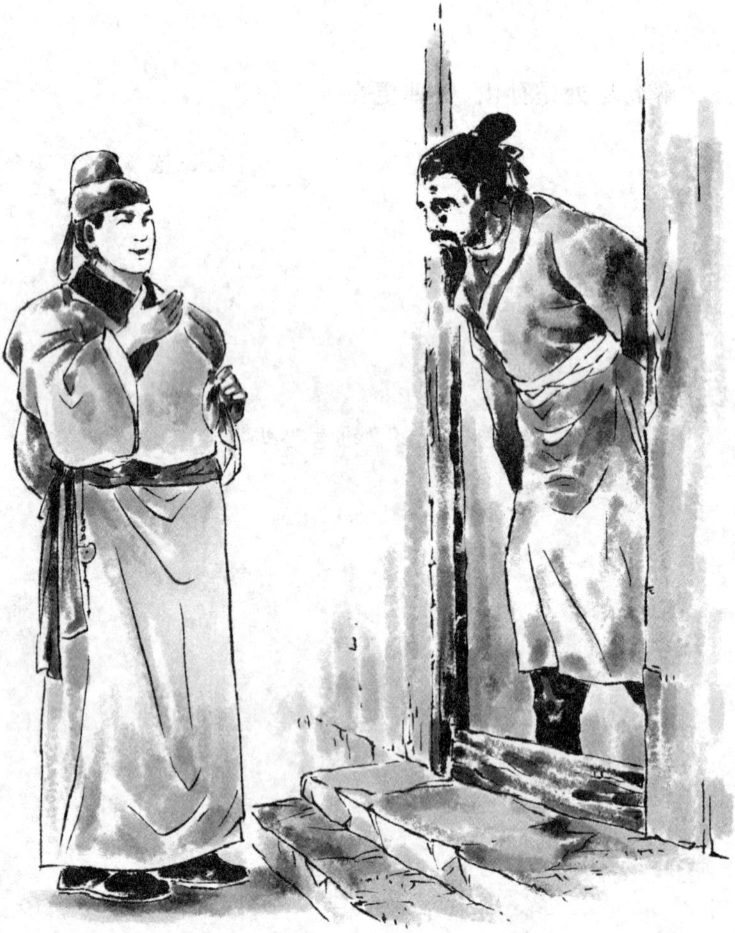

莫 须 有

岳飞是南宋时的一位民族英雄。当北方金军南侵宋朝时,岳飞力主抗金,并率领军队痛击金军,收复了大片失地。可就在岳飞乘胜追击的时候,宋高宗和投降派秦桧一味求和,以十二道金牌诏回岳飞。岳飞回到临安后,被秦桧等人密谋诬陷杀害。南宋大将韩世忠非常气愤,他质问秦桧杀害岳飞的理由是什么?奸臣秦桧说:"莫须有(可能有)。"韩世忠说:"'莫须有'三个字怎能让天下人信服!"

莫须有——用来指无中生有、故意捏(niē)造的罪名。

"世忠曰:'莫须有三字何以服天下。'"

(《宋史·岳飞传》)

想一想

"莫须有"的罪名是加在哪位民族英雄身上的?

呕心沥血

李贺是唐朝大诗人。他自幼刻苦好学,每天早上骑上马,边走边看,遇到好的题目,马上记下来,写成诗句,放在背袋里。李贺的母亲见他这样勤奋,很为他担心,每天李贺外出回来,总叫人去看一看他的背袋,如果见到里面的诗句多了,便心疼地责备道:"你这孩子,这样下去,是要累坏身体,连心血都会吐出来的!"

呕(ǒu)心沥(lì)血——呕:吐。沥:滴。
比喻耗尽心血。

"是儿要呕出心乃已耳。"

(《新唐书·李贺传》)

想一想

"呕心沥血"这个成语中,"呕心"对应"沥血",结构并列,意思相近。成语"日积月累"也是这样的结构吗?

破釜沉舟

秦朝末年,秦国大军将赵国军队围困于巨鹿,准备全部歼灭。这时,赵国向楚怀王求救,楚怀王于是就派项羽前去解围。项羽率军渡河后,就勒令手下把船全部凿沉,饭锅全部砸破,岸边的房屋全部烧光,以此来激励士兵,表示将战斗进行到底,决不退缩。经过激烈的战斗,楚军包围了秦军,截断了秦军运粮的路线,大破秦军,取得了胜利。

破釜(fǔ)沉舟——釜:锅。

比喻决心战斗到底,决不后退。

"项羽乃悉引兵渡河,皆沉船,破釜甑(zèng)。"

(《史记·项羽本纪》)

想一想

"破釜沉舟"的"釜"能写成"斧"吗?为什么?

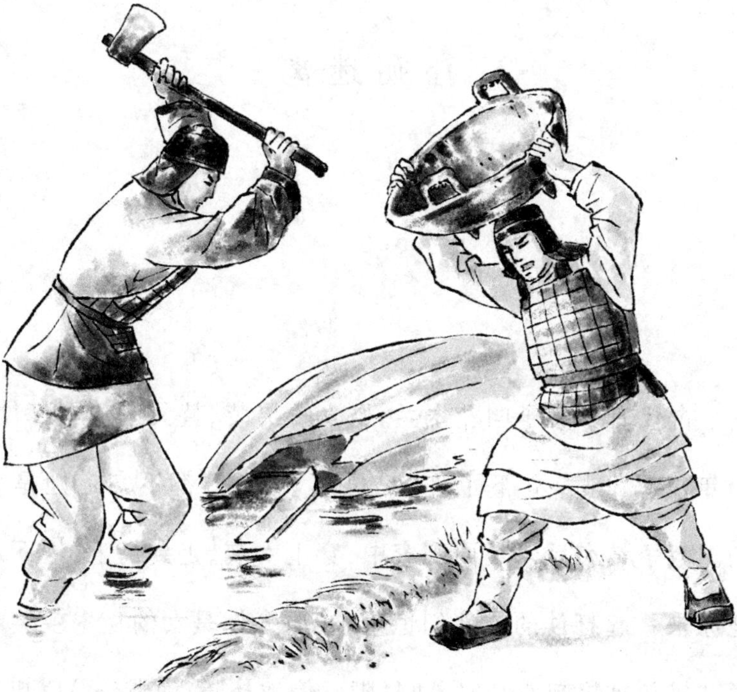

扑朔迷离

古代有个女子叫花木兰,她女扮男装,替父亲从军打仗。十年戎马征战,立下了许多战功。可人们都不知道她是女的。战争结束后木兰回到家中,穿上女装,走到街上,这下可把原来一起打仗的伙伴们惊呆了:原来你是女的!木兰笑着说:"雄兔被提起双耳时,两只脚不停地扑腾,而雌(cí)兔却双眼半闭,很好辨认。但两只兔子都跑起来时,怎能分辨出雌雄呢?"

扑朔(shuò)迷离——扑朔:前腿抖动。迷离:眼睛微开。形容情况错综复杂,让人分辨不清。

"雄兔脚扑朔,雌兔眼迷离。"

(宋·郭茂倩《乐府诗集·木兰诗》)

想一想

"扑朔迷离"这个成语缘于何人代父从军的故事?

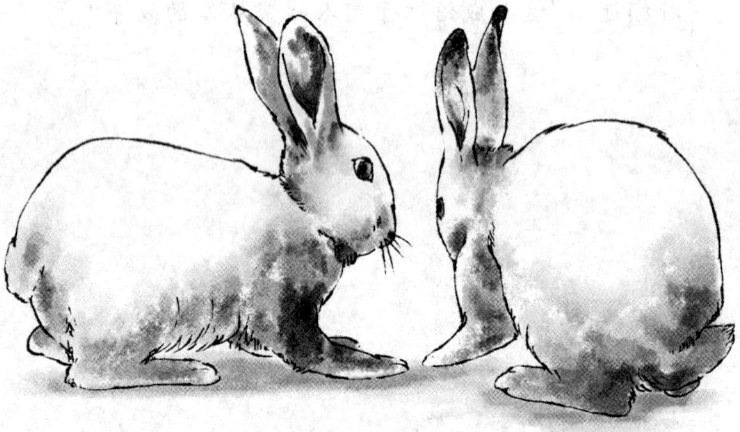

歧路亡羊

战国时期,魏国有个学者杨子。有一天,杨子的邻居丢了一只羊,朋友们都帮他去找。杨子知道后,不解地问:"丢了一只羊,为什么这么多人去找呢?"邻居说:"因为路上岔(chà)道太多。"不久,外出找羊的人纷纷回来了,可羊还是没有找到。杨子又问:"去了这么多人,为什么还会找不到呢?"邻居又说:"因为岔道上还有岔道,不知道羊跑到哪一条岔道上去了,所以,我们只好空手而归了。"

歧(qí)路亡羊——歧路:岔道。亡:丢失。
比喻事理复杂多变,如果没有正确的方向,就会误入歧途。

"杨子之邻人亡羊……"

(《列子·说符》)

想一想

"歧路亡羊"的"亡"是"死亡"的意思吗？为什么？

杞人忧天

古时候,杞(qǐ)国有一个人,老是怕天会塌下来,地会陷下去。他担心得坐也不是,站也不是,吃不香,睡不好。后来,他的朋友开导他:"天不过是一团积聚起来的大气罢了,不用担心它会塌(tā)下来。"那个人听后更加担心了,说:"照你这样讲,太阳、月亮岂不都要掉下来吗?"朋友说:"日、月、星辰,不过是大气积聚而成的一些会发光的东西,即使掉下来,也伤不着人。"那人听后,又问:"那么地会陷下去吗?"朋友又说:"地不过是很厚很厚的泥土石块罢了,怎么会陷下去呢!"这下,那个人才放下心来。

杞人忧天——忧:担心。

比喻不必要的或无根据的忧虑和担心。

"杞国有人,忧天地崩坠,身无所寄,废寝食也。"

(《列子·天瑞》)

想一想

"杞人忧天"式的担忧有必要吗?

千里之行,始于足下

老子是我国古代道家的创始人。他写过一部书叫《老子》。在《老子》这部书里,作者用了许多生动的事例,来说明事物总是从小到大发展变化的。比如,老子曾说:"合抱之木,生于毫末;九层之台,起于累土;千里之行,始于足下。"这意思是说,用双臂才能合抱的大树,生于细小的幼枝;很多层高的亭台,是从第一筐土垒起的;千万里那样远的路程,开始于脚下的第一步。

千里之行,始于足下——比喻任何远大的目标,都要从眼前细微的小事做起。

"千里之行,始于足下。"

(《老子》)

想一想

"千里之行,始于足下",这个成语出自哪本古代典籍?

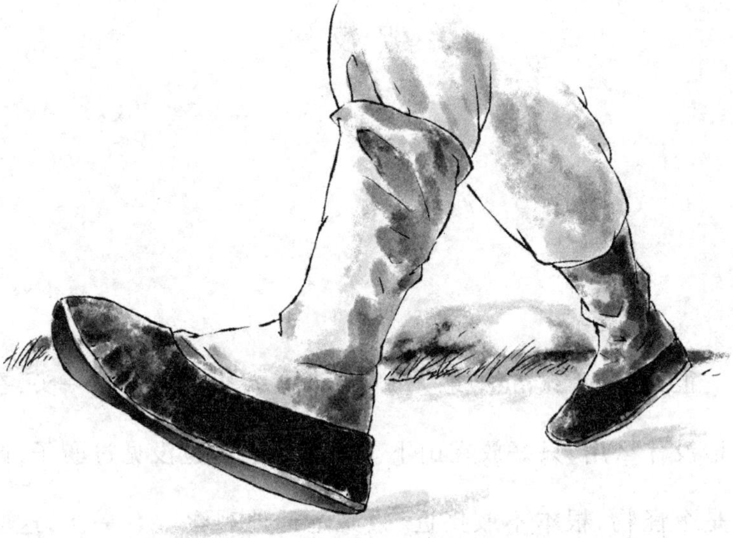

黔驴技穷

很久以前黔(qián)地无驴,后来有人从外地买回一头,在当地没什么用,只好放在山下。山里的老虎也没见过驴子,以为是个怪物,根本不敢接近,只是远远地观察。有一次,这驴子突然吼(hǒu)叫一声,老虎吓得掉头就跑。但是日子一长,老虎发现驴子没什么本事,就慢慢接近它,驴子只是抬起后蹄踢了几下。这一下,老虎高兴极了:原来驴子就这么一点本领。于是张开大口,扑过去把驴子吃掉了。

黔驴技穷——黔:今贵州一带。穷:完。
比喻炫耀拙劣的伎俩(jì liǎng)而本事有限。

"黔无驴……技止此耳!"

(唐·柳宗元《三戒·黔之驴》)

想一想

"黔驴技穷"这个成语,常用作贬义吗?

"黔地"是指什么地方?

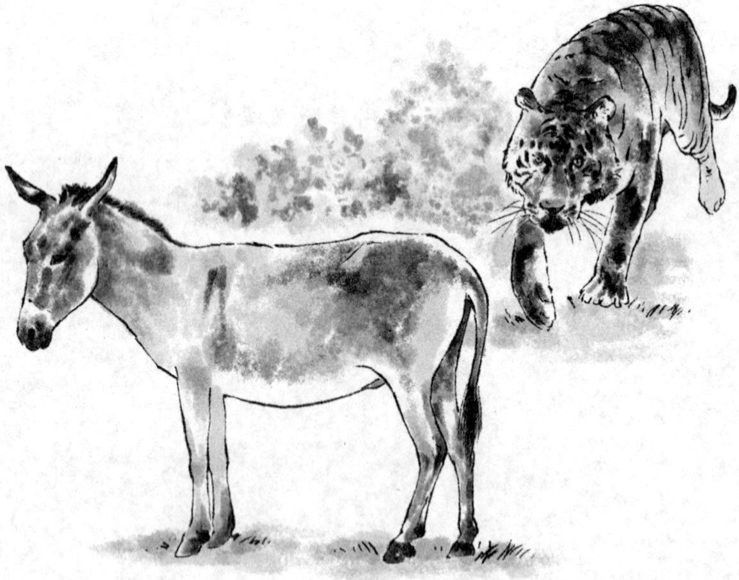

请 君 入 瓮

唐代武则天时,周兴和来俊臣都是掌管刑狱的,两人都爱用酷刑。一次,有人告发周兴谋反,武则天便派来俊臣调查这件案子。来俊臣知道要使周兴招供很难。于是,他先请周兴喝酒,趁周兴酒兴正浓时说:"如果犯人用刑后仍不招供怎么办?"周兴说:"拿一只大瓮(wèng),在四周用炭火烤,让犯人跳进去,不怕他不招。"来俊臣听后,立即命人抬一只大瓮,对周兴说:"皇上让我调查你谋反之事,请君入瓮吧。"

请君入瓮——瓮:大坛子。

比喻用某人整人的方式来整他自己。

"有内状推兄,请兄入此瓮。"

(《资治通鉴·唐纪》)

想一想

"请君入瓮"这个成语有讥讽的感情色彩吗?

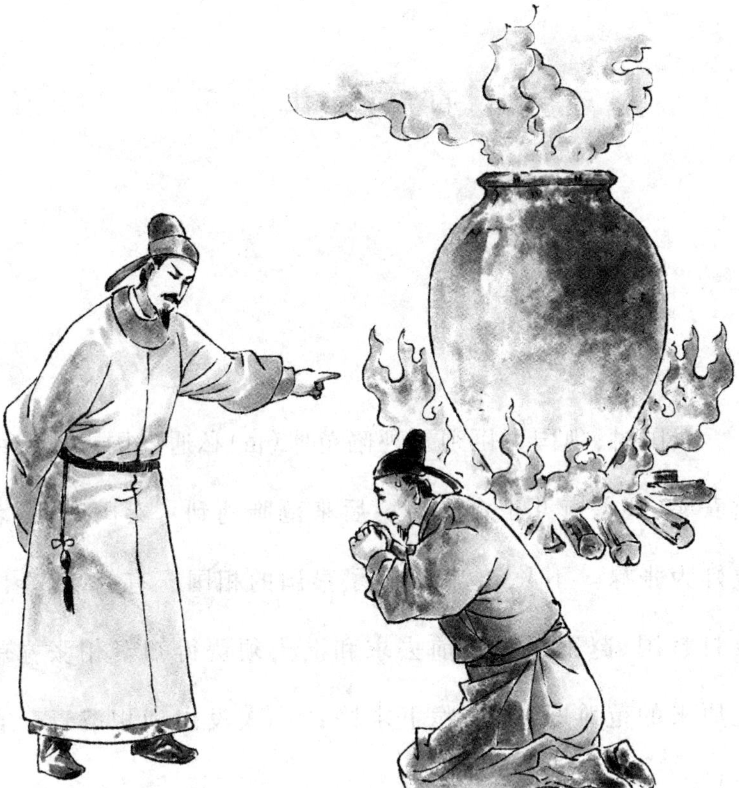

青云直上

战国时,魏国大臣须贾诬陷范雎(jū)私通齐国。范雎由此获罪,还差点儿把命送掉。后来范雎逃到了秦国,并更名改姓为张禄。不久,他就当上了秦国的相国。有一年,秦国攻打赵国,赵王派须贾前去求和。当须贾得知秦相张禄就是原来的范雎时,连忙跪下求饶:"小人没想到相爷青云直上!"

青云直上——青云:指青天。

比喻人的地位直线上升。

"贾不意君能自致青云直上。"

(《史记·范雎蔡泽列传》)

想一想

"青云直上"是说官职升得很快很高,能用它形容学习成绩好吗?

如鸟兽散

汉武帝时,北方匈奴经常出兵侵扰中原。为了消除匈奴的军事袭扰,汉武帝派贰师将军李广利和骑都尉李陵率兵前去征讨。李陵虽英勇过人,但少年气盛。当李陵率五千人马到达浚稽山时,匈奴三万骑兵早已设下埋伏,将他们团团围住。经过激烈的拼杀,李陵的五千人马只剩下了一千多,五十万支箭也全部用完。李陵见大势已去,便对士兵们说:"现在,我们的弓箭没有了,刀、戟也都折断了,一到天亮,不是全都要被俘了吗?不如趁着天黑,像鸟兽一样散了,各自逃命去吧,能够有几个逃回去报告皇上也是好的。"最后,终因寡不敌众,李陵兵败投降。

如鸟兽散——像鸟兽那样四处逃散。现在多用做贬义。

"各鸟兽散,犹有得脱归报天子者。"

(《汉书·李广苏建传》)

想一想

"如鸟兽散"这个成语多用于战争场面的描写吗?

孺子可教

张良是汉高祖刘邦的一位足智多谋的大臣。张良年轻时闲居下邳(pī),有一天,他走在一座桥上,见一个老人身穿粗布破衣,故意把鞋子扔到桥下,然后叫他去捡。张良很气恼,但还是替老人捡了回来。老人把脚一伸说:"给我穿上。"张良很不高兴,但还是照办了。这时老人说:"孺(rú)子可教,五天后一早来这里见我。"一连两次,张良虽然起得很早,但还是来晚了。第三次,张良半夜就来了,终于等到了老人。老人送他一部兵书,嘱咐道:"读了这部书,你将来必定有出息。"

孺子可教——孺子:儿童。

多用于长辈赞扬年轻人有培养前途。

"孺子可教矣。"

（《史记·留侯世家》）

想一想

"孺子可教"的"教"读"jiāo"还是读"jiào"？意义有差别吗？

三顾茅庐

东汉末年,刘备为了壮大自己的力量,求贤若渴,广纳人才。当他听说隐居在隆中茅草小屋里的诸葛亮是个奇人,就带着关羽、张飞前往隆中,请诸葛亮出山辅佐(zuǒ)他。可那天不巧,诸葛亮不在家。过了几天,刘备他们又去隆中拜访,可又没见着诸葛亮。刘备毫不气馁(něi),第三次又去,这才见到诸葛亮。诸葛亮被刘备的精神所感动,于是答应出山相助。后来,诸葛亮果然帮助刘备建立了蜀国。

三顾茅庐——顾:拜访。茅庐:草房子。

比喻诚心诚意地请人帮助。

"三顾臣于草庐之中。"

(诸葛亮《出师表》)

想一想

"三顾茅庐"的"顾"与"瞻前顾后"的"顾",意思有差别吗?

三令五申

春秋时期,吴王想任命孙武为大将,但不知他真的有没有带兵打仗的才能,于是先让他训练一下宫中的美女试试。孙武先让宫女们学习队列行走。他把宫中的嫔妃(pín fēi)和宫女分成两队,并且让吴王最心爱的两个妃子分别担任队长。孙武把训练要求说得明明白白,并再三要求她们认真执行。可训练开始后,宫女们嘻嘻哈哈,把训练的要求忘得干干净净。于是孙武下令把两个队长拉出去处死。等到以后再训练时,没有一个敢再胡闹的,队伍走得整整齐齐。

三令五申——申:表达,说明。

指再三地命令告诫。

"即三令五申之。"

(《史记·孙子吴起列传》)

想一想

"三令五申"中的"三"和"五",是表示"三次""五次",还是表示"多"的意思?

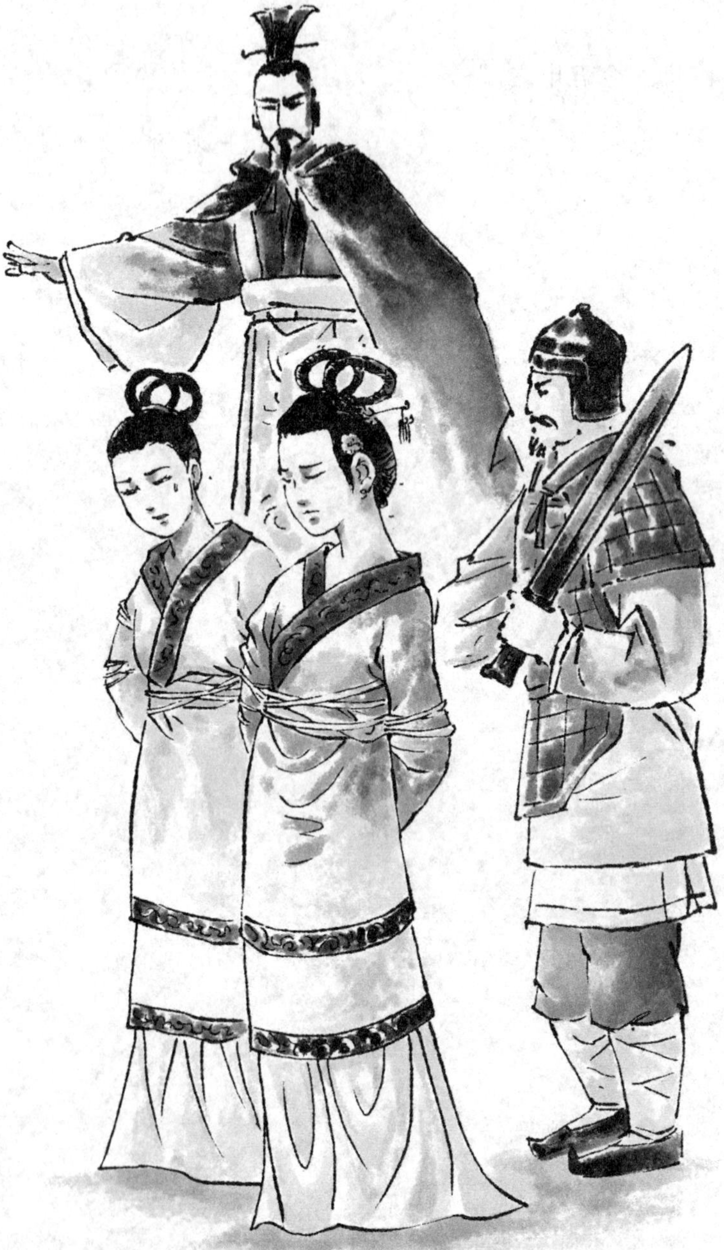

三 人 成 虎

战国时,魏国大臣庞葱(páng cōng)要陪魏王的儿子去赵国都城邯郸作人质。庞葱深知魏王容易偏听偏信,担心自己一走,国内那些反对他的人会制造流言蜚语。于是临行前对魏王说:"如果有人报告,说大街上有只老虎正在吃人,您相信吗?"魏王说:"我不相信。"庞葱又问:"如果第二个人也这么说呢?"魏王说:"两个人都这么说,我就会将信将疑了。"庞葱再问:"如果第三个人还这么说呢?"魏王说:"大家都这么说,我只好相信了。"庞葱感慨道:"邯郸离魏国比宫里离大街要远得多,只怕日后议论我的还不止三人,请大王仔细考察才是。"魏王点头道:"寡人心里有数,你放心去吧。"

三人成虎——比喻谣言或讹传一再反复,就会使人信以为真。

"夫市之无虎明矣,然而三人言而成虎。"

(《战国策·魏策二》)

想一想

"三人成虎"说的是三个人变成老虎了吗?

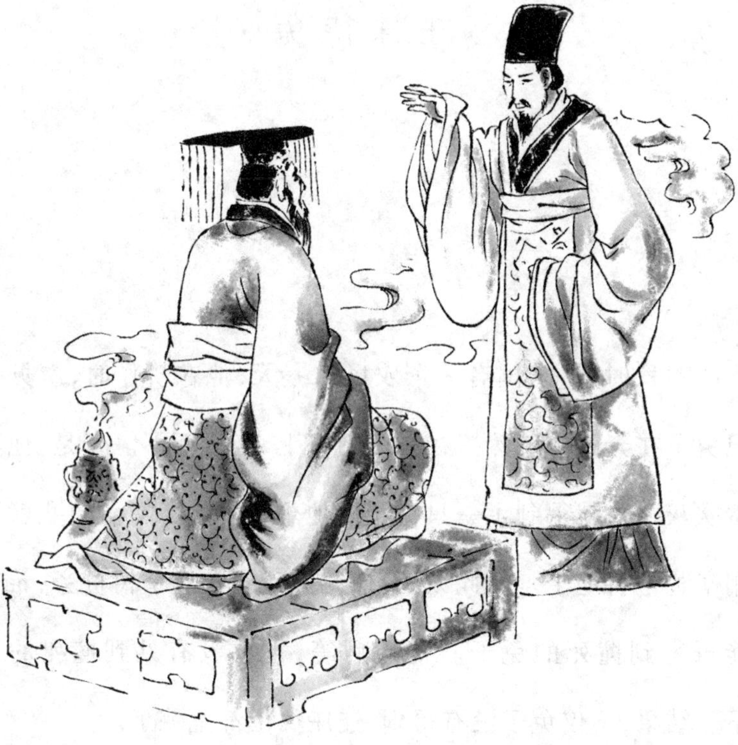

守株待兔

春秋时候,宋国有一个农民。一天,他在耕作时,看见一只兔子在奔跑中忽然撞在一个树桩上,当场死了。于是,他不费吹灰之力就得到了一只兔子。他想,如果天天这样,我就不用辛苦地耕地了。从此以后,他就天天守在这个树桩旁,希望能再得到撞死的兔子。他等啊等,再也没有见到撞死的兔子。结果,不仅兔子没有得到,连庄稼也都荒芜了。

守株(zhū)待兔——株:露出地面的树桩。

比喻死守狭隘的经验不知变通,或抱着侥幸心理妄想不劳而获。

"兔走触株,折颈而死。"

(《韩非子·五蠹(dù)》)

想一想

"守株待兔"的"待",是"对待"还是"等待"的意思?

桃李不言，下自成蹊

西汉时，有一位勇猛善战的名将叫李广。由于他非常善于骑射，所以人称"飞将军"。李广历经文帝、景帝、武帝三朝，与匈奴作战大小七十余次，立下了不少战功。他为人谦逊，能与士兵同甘共苦，对手下体贴入微，很受士兵爱戴。一次，李广随大将军卫青与匈奴作战，途中迷失了方向，未能在约定时间到达指定地点。李广自责，引刀自刭。司马迁在《史记》中给了李广很高的评价："桃李不言，下自成蹊(xī)。"意思是说，桃李有芬芳的花朵和甜美的果实，用不着刻意炫耀自己，人们自然会纷纷而来，以致在树下走出一条路来。

桃李不言,下自成蹊——言:说。蹊:小路。

比喻只要自己行为高尚,用不着自我宣扬,自然会受到别人的尊敬。

"谚曰:'桃李不言,下自成蹊。'此言虽小,可以喻大也。"

(《史记·李将军列传》)

想一想

"桃李不言,下自成蹊"的"蹊"能写成"溪"吗？为什么？

图穷匕见

战国末年,秦国想吞并燕国,燕太子丹知道打不过秦国,于是决心派侠客荆轲去刺杀秦王嬴政。太子丹担心秦王不接见荆轲,荆轲说,可以让我带上秦国叛将樊(fán)於期的人头,再拿着燕国的地图,献给秦王,不怕秦王不见。荆轲事先将一把匕首卷在地图里,等见到秦王后,先将装有樊於期人头的盒子献上,然后又慢慢在秦王面前展开地图。等匕首露出时,他立刻拿起匕首刺向秦王,但没有刺中。最后荆轲死于秦王卫士的乱刀之下。

图穷匕见(xiàn)——穷:尽,完。匕:匕首。见:现,显露。

比喻事情发展到一定时候,终于露出了真相。

"图穷而匕首见。"

(《战国策·燕策三》)

想一想

"图穷匕见"中的"见"为什么不读"jiàn"？意思有差别吗？

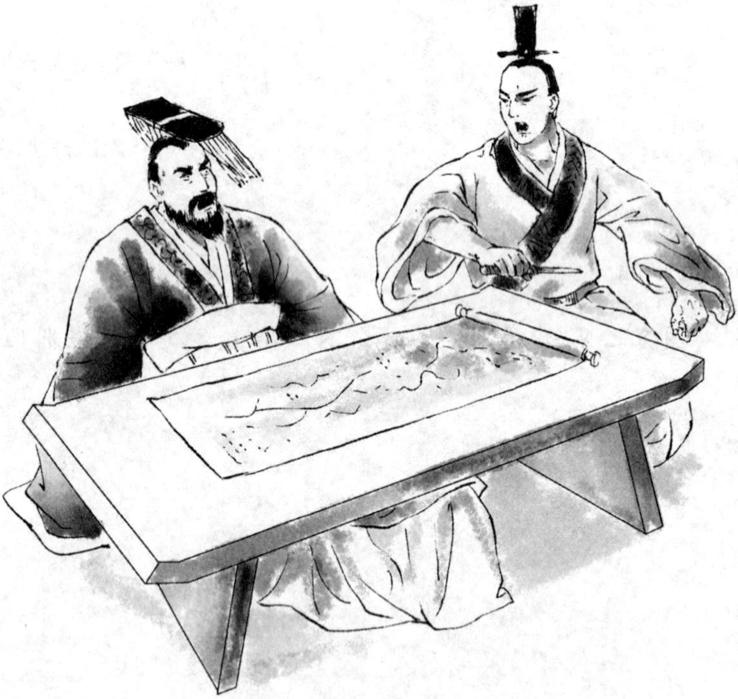

投笔从戎

东汉时,有个著名的将领叫班超。当时北方匈奴常常在边境骚(sāo)扰,他从小便立志要报效国家。班超年轻时家境贫寒,他每天靠为官府抄写东西来维持生活。一天,他正在抄写时,突然想起自己的志向,把笔一扔说:"大丈夫应当为国家建功立业,哪能总在笔墨之间讨生活!"于是,班超毅然投笔从军,随大将窦(dòu)固在战场上征战,建立了无数功勋。

投笔从戎(róng)——投:扔。戎:指军队。

指读书人放弃文字生涯,驰骋疆场。

"安能久事笔砚间乎!"

(《后汉书·班超传》)

想一想

"投笔从戎"的"戎"能写成"戍"吗？为什么？

完璧归赵

战国时,秦王听说赵王有一块无价之宝——和氏璧(bì),便派人去说想用十五座城池来交换这块宝玉。赵王怕得罪秦王,又怕自己上当受骗,于是就派蔺(lìn)相如带着和氏璧出使秦国。蔺相如来到秦国,把玉璧献给秦王,见秦王根本不提拿城换璧的事,便走上前去说:"这玉璧有瑕斑,让我指给您看。"秦王把玉璧递给蔺相如。蔺相如接过玉璧说:"大王要是想要宝玉而又不割城池,我宁愿把这块宝玉摔碎。"秦王无奈,只好假装同意割让城池,并答应斋戒五日后举行交换仪式。可当天晚上,蔺相如就派手下的人扮成买卖人的模样,悄悄地把和氏璧送回了赵国。

完璧归赵——完：完整无缺。璧：玉。

比喻把原物完整地归还给本人。

"臣请完璧归赵。"

（《史记·廉颇蔺相如列传》）

想一想

"完璧归赵"这个成语说的是赵国哪个大臣的故事？

亡羊补牢

庄辛是战国时楚国顷襄(qǐng xiāng)王身边的一位大臣。他见顷襄王不理朝政,终日只顾享乐,心中十分着急。庄辛曾多次规劝顷襄王,顷襄王就是不听。于是,庄辛便辞去了官职。后来,秦国攻打楚国,顷襄王被迫逃到城阳,这才想到庄辛从前说的话,很是后悔。于是他马上召回庄辛,向他请教治国的方略。庄辛说:"俗话说'亡羊而补牢,未为迟也',意思就是说,羊跑掉了,再修补好羊圈,也不算迟。"顷襄王听后,又重新振作起来。

亡羊补牢——亡:丢失。牢:关牲口的圈。

比喻发现失误以后,如果能及时设法补救,还不算迟。

"亡羊而补牢,未为迟也。"

(《战国策·楚策四》)

想一想

"亡羊补牢"与"牢不可破"的"牢"是一个意思吗?

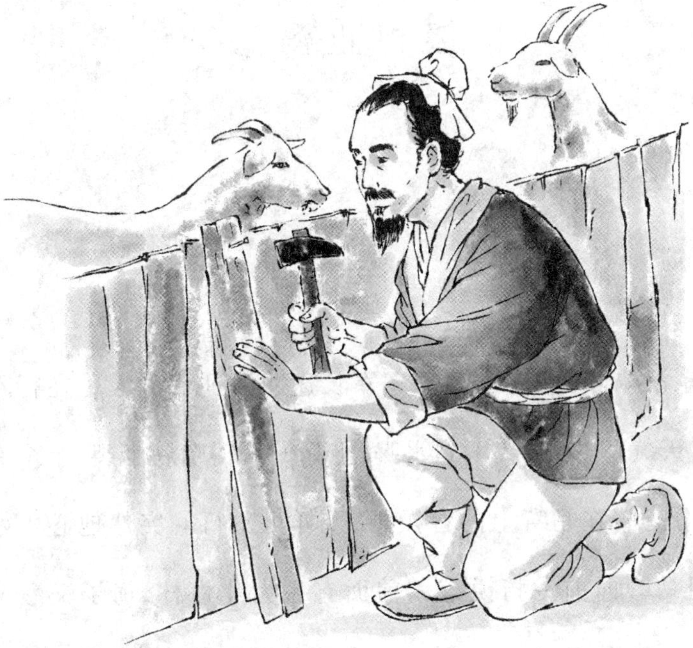

望梅止渴

东汉末年,有一次曹操率军长途跋涉征伐敌人。在行军路上,天气闷热,又找不到水喝,士兵们渴得嘴唇干裂,个个有气无力。骑在马背上的曹操想,这样可不行。突然他心生妙计,用马鞭向前一指说道:"前面有一大片梅林,梅子又酸又甜,可以解渴。"将士们听后,想起青梅的酸味儿,腮帮子都发酸,嘴里立刻涌出很多唾(tuò)液,顿时就不觉得怎么渴了。

望梅止渴——比喻用想象或虚构的东西来安慰自己,实际上根本达不到目的。

"前有大梅林……口皆出水。"

(《世说新语·假谲》)

想一想

"望梅止渴"与"画饼充饥",这两个成语的意思一样吗?

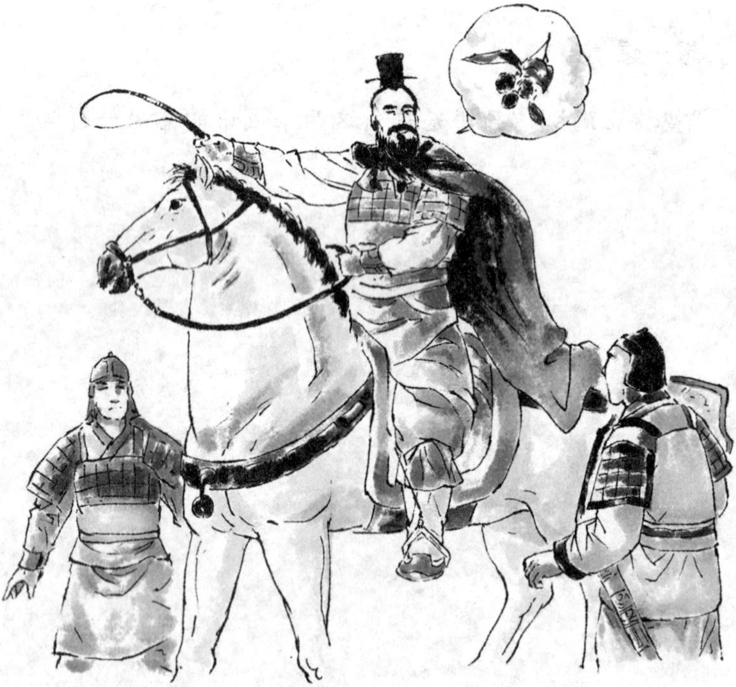

卧薪尝胆

春秋时期,吴国与越国交战,越国失利,越王勾践被俘。吴王要勾践夫妇住在石屋里看守墓地,在野地里养马,勾践受尽了折磨和屈辱。三年以后,勾践得到赦(shè)免回到越国。他奋发图强,刻苦自励,睡在柴草堆上,还在自己经常坐卧的地方悬挂一个苦胆,每天吃饭和睡觉前都要舔(tiǎn)舔它的苦味,表示不忘旧耻。经过长期准备,越国终于打败了吴国,越王勾践也成为春秋后期的一代霸主。

卧薪尝胆——薪:柴草。

比喻刻苦自励,发奋图强。

"坐卧即仰胆,饮食亦尝胆。"

(《史记·越王勾践世家》)

想一想

"卧薪尝胆"这个成语故事的主人公是谁?

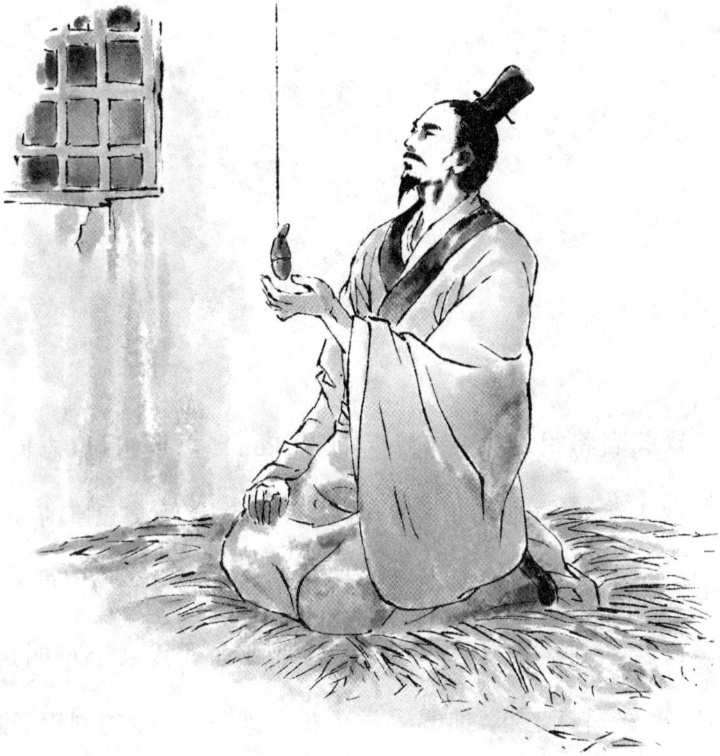

闻鸡起舞

晋朝名将祖逖(tì)和诗人刘琨(kūn),志趣相投,志同道合。两人生活的时代正处于匈奴不断袭扰西晋王朝的动荡时期。祖逖与刘琨经常在一起谈论国家大事。一次,两人谈到深夜才入睡。没过多久,祖逖就听到远处传来了鸡叫声。于是,祖逖翻身坐起,推醒了身边正在酣(hān)睡的刘琨,说:"赶快起床,国家正处在危难之际,你我怎能安然入睡呢!"说完,提着宝剑就去练武了。从此以后,不论春夏秋冬,每天鸡叫头遍,两人就起床练武。后来,他们都为国家建立了丰功伟业。

闻鸡起舞——闻：听。

比喻有志为国效力，奋起行动，坚持不懈。

"中夜闻荒鸡鸣，蹴(cù)琨觉曰：'此非恶声也。'因起舞。"

(《晋书·祖逖传》)

想一想

"闻鸡起舞"的"舞"是"舞剑"还是"舞蹈"？

吴牛喘月

我国古代江淮一带属吴地。这个地方生长着一种水牛，被称为吴牛。吴地炎热，水牛跳到水里都嫌热。到了晚上，水牛看到月亮还以为是太阳，于是便大口大口地喘(chuǎn)起气来。晋武帝时，有位名叫满奋的大臣，他生来体弱，有怕风的毛病。有一年冬天，他上朝谒(yè)见皇帝，皇帝指着靠近北窗口的椅子让他坐。北窗口立着一扇透明的琉璃屏风，看上去就好像只有一个挡不了风的空框子似的，不觉倒吸了口凉气，脸上露出恐惧的样子。晋武帝见此觉得好笑，满奋不好意思地说："我就像吴牛一样，看见月亮就喘气。"

吴牛喘月——比喻因疑心而害怕。

"臣犹吴牛,见月而喘。"

(《世说新语·言语》)

想一想

"吴牛喘月"中的"吴"指的是什么地方?

向壁虚构

西汉时，鲁恭王刘余在曲阜(fù)城中大修宫室。曲阜本是孔子的故乡，据说，鲁恭王在修宫室时弄坏了孔子的宅第，从残壁中发现了一些古文经书。对这件事情，东汉的文字学家许慎认为可信。但当时的许多人表示怀疑，不相信会有此事发生。他们认为，这是好奇者故意更改文字，对着孔氏家的墙壁凭空虚构出来的，好以此来炫耀自己。

向壁虚构——向：对着。壁：墙壁。

比喻凭空捏造。

"乡(向)壁虚造不可知之书。"

(汉·许慎《说文解字序》)

想一想

"向壁虚构"与"实事求是"意义相反吗?

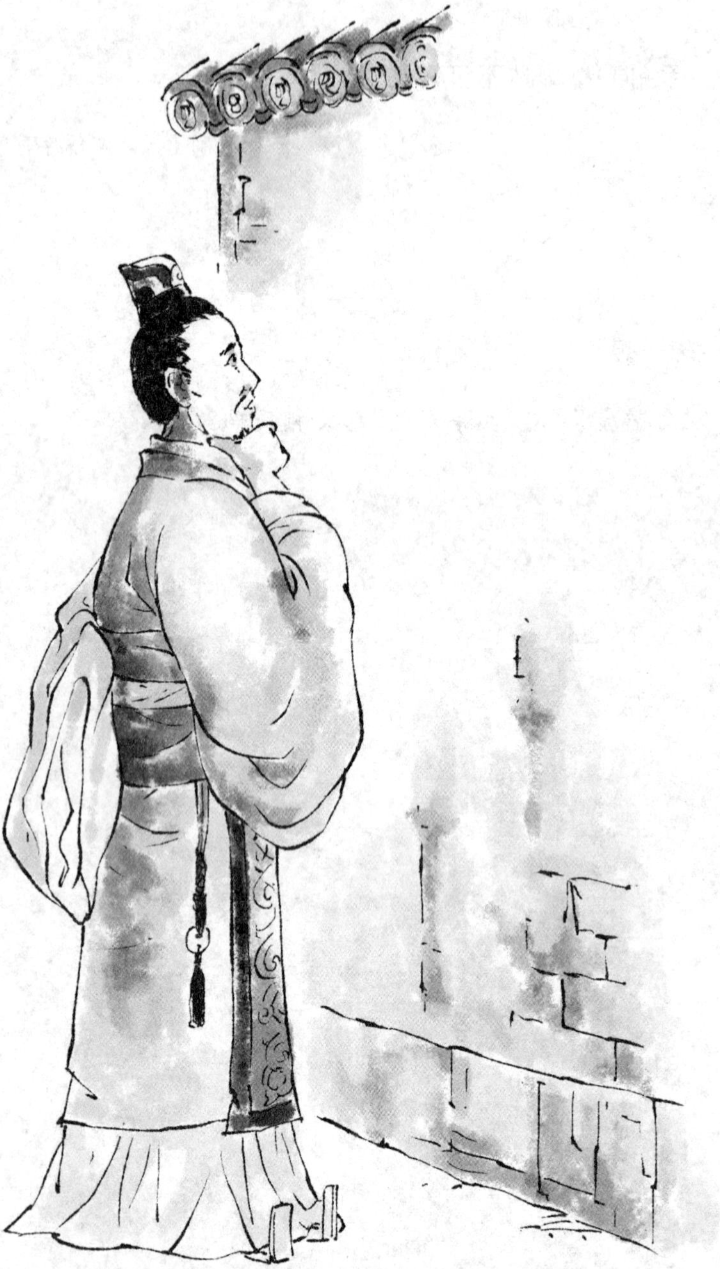

胸 有 成 竹

文同字与可,是宋代的著名画家。他喜欢竹子,并在自己的房前屋后栽了许多竹子,每天观察它们,看它们在不同季节、不同气候条件里的不同变化。时间久了,他对竹子的各种姿态、各种变化了如指掌,所画的竹子也逼真传神。朋友们都知道,文同之所以能成为画竹高手,就是因为他在下笔之前,心中早已孕育好竹子的形象了。

胸有成竹——成:完整。

比喻在做事之前,心中已经有完整的安排和打算。

"与可画竹时,胸中有成竹。"

(宋·晁补之《赠文潜甥杨克——学文与可画竹求诗》)

想一想

"胸有成竹"能说成"成竹在胸"吗?

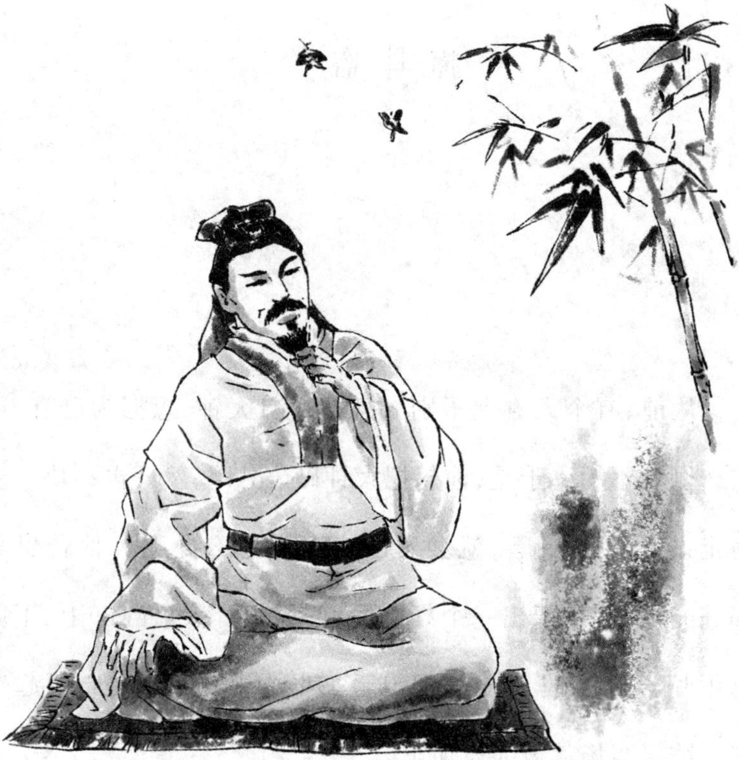

掩耳盗铃

　　从前,有个人看上了别人家的一口大钟,想据为己有,可怎么也背不动。于是,他想把大钟砸(zá)碎,然后再一块一块偷走。可大钟一砸,就会发出响声。怎么办呢?他苦思冥(míng)想,终于想出一个好办法:假如把耳朵捂(wǔ)上,不就听不见声音了吗。他先把自己的耳朵捂起来,放心砸起钟来。结果当场就被人抓住了。

　　掩耳盗铃——掩:捂。盗:偷。
　　比喻自作聪明,自己欺骗自己。

"恐人闻之而夺己也,遽掩其耳。"

(《吕氏春秋·自知》)

想一想

"掩耳盗铃"能表达"自欺欺人"的意思吗?

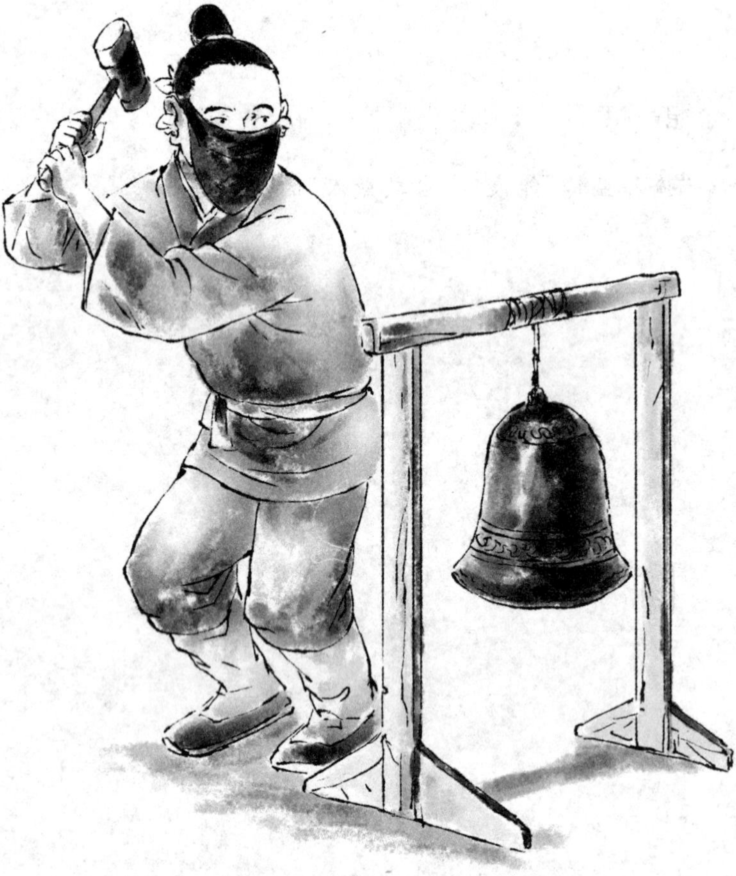

夜 郎 自 大

西汉时期,我国西南部地区有一个小国名叫"夜郎"。夜郎地处偏僻,四周全是高山,交通极为不便,与中原素无往来。夜郎国的首领自认为他的国家是天底下最大的。公元前一二二年,西汉使臣路过夜郎,夜郎首领竟然傲(ào)慢地问汉朝使臣:"汉朝与我夜郎国哪个大?"使臣回答:"汉朝有大小州郡几十个,夜郎还不如我汉朝一个郡大。"夜郎首领听后大为吃惊。

夜郎自大——夜郎:汉朝我国西南方的一个小国。

比喻妄自尊大。

"及夜郎侯亦然。各自以一州王,不知汉广大。"

(《汉书·西南夷传》)

想一想

"夜郎自大"这个成语是褒义还是贬义?

一箭双雕

南北朝时期,我国西北有一个少数民族——突厥(jué)族。有一天,突厥族的首领摄图在打猎时,突然看见天空中有两只大雕正在争抢一块肉。他马上拿出弓箭,递给身边的大将长孙晟(shèng),叫他把大雕射下来。只见长孙晟拉弓放箭,嗖的一声,一箭射去,两只大雕同时跌落下来。众人赶忙跑过去一看,那支箭竟将两只大雕同时射穿。长孙晟的箭法得到了众人的一致赞许。

一箭双雕——比喻做一件事情,同时达到两个目的。

"遂一发双贯焉。"

(《北史·长孙晟传》)

想一想

"一箭双雕"与"一举两得",都含有"做一件事,同时达到两个目的"的意思吗?

一鼓作气

春秋时,强大的齐国攻打弱小的鲁国。鲁庄公在曹刿(guì)的协助下迎战齐军。齐军首先擂响战鼓,庄公准备迎战,曹刿却说:"不可,时机未到。"齐军见鲁军没有动静,就再次擂响战鼓,可曹刿还是不让鲁军出战。等到齐军擂过三次鼓之后,曹刿才下令擂鼓出击,一举打败了敌军,以弱胜强。事后庄公不解地问:"为什么要等到敌军擂过三次鼓之后才出击?"曹刿说:"打仗靠勇气,一鼓作气,二鼓气衰,三鼓之后就没有士气了。"

一鼓作气——鼓:擂鼓。作:振作。气:士气。

形容做事要鼓起勇气，勇往直前。

"一鼓作气,再而衰,三而竭。"

(《左传·庄公十年》)

想一想

读过这个成语，你知道古代军队作战时，为什么要击鼓吗？

一目十行

萧纲是南朝梁武帝萧衍(yǎn)的儿子。据说,他从小聪慧过人,具有极高的天赋。他四岁开始认字读书,常常能够做到过目不忘。相传他看书、读书的速度非常快,能够一眼看十行字,而且互不干扰。没过多久,诸子百家的书他几乎全都读遍了。萧纲六岁的时候就开始写文章了,加之他勤奋刻苦,文章写得很漂亮。

一目十行——目:用眼睛看。
比喻看书速度很快。

"读书十行俱下。"

(《梁书·简文帝纪》)

想一想

"一目十行"这个成语是用数字组成的,这种情况在成语中很常见,你能再举出几个例子吗?

一 窍 不 通

古代商朝的殷纣(zhòu)王是一个有名的暴君。他荒淫无度、残暴成性。有一天,殷纣王要杀无辜(gū)的大臣梅伯,他的忠臣比干知道后,急忙前来劝说。殷纣王很不高兴,恶狠狠地说:"听说圣人的心都有七窍(qiào),今天我要挖出你的心来看看,是不是真有七窍。"就这样,殷纣王残忍地挖出了比干的心。孔子听说这件事后,感慨地说:"正因为纣王一窍不通,才会干出这种事来。如果他多少懂点事理,比干也就不至于死了。"

一窍不通——窍:通气的窟窿(kū long)。古人把两眼、两耳、两个鼻孔和嘴称为七窍。

比喻一点也不懂。

"杀比干而视其心,不适也。孔子闻之曰:'其窍通,则比干不死矣。'"

(《吕氏春秋·过理》)

想一想

"一窍不通"的"窍"与"七窍生烟"的"窍"是一个意思吗?

一衣带水

隋朝初年,隋文帝杨坚统一了中国北方,与南朝的陈国隔江相对。陈国国君陈后主是一个极端荒淫(yín)残暴的君王,他在位期间,不能勤政爱民,国家民不聊生,百姓怨声载道。而杨坚却治国有方,深受百姓爱戴。面对着长江彼岸的陈国,杨坚对臣子们说:"我作为百姓父母,怎能因为有一条像衣带那样窄的长江隔着,而不去解救那里受苦的百姓呢?"经过七年准备,隋文帝杨坚终于攻占了陈国,使中国重新成为统一的国家。

一衣带水——比喻虽有江河之隔,但不足以成为交往的障碍。

"岂可限一衣带水不拯之乎?"

(《南史·陈后主纪》)

想一想

"一衣带水"经常用来形容人与人之间的关系,还是国家与国家之间的近邻关系?

一叶障目

楚国有一个贫苦的读书人,他在书上看到,螳螂(táng láng)捕蝉(chán)时总是先找一片树叶遮(zhē)住身体。他想,人要能这样该多好。于是,他也拿起一片树叶遮住眼睛,然后问妻子是否看得见自己。起初,妻子如实回答:"看得见!"后来他一次又一次地重复,妻子不耐烦地说:"看不见!"这下他高兴极了,马上拿着树叶跑到街上,用树叶遮住自己的眼睛去偷人家的东西,结果被人抓住,送到了县衙。

一叶障(zhàng)目——障:遮。
比喻被局部的现象所迷惑,看不到事物的全貌和整体。

"一叶障目,不见泰山。"

(《鹖冠子·天则》)

想一想

"一叶障目"经常与"不见泰山"还是"不见群山"连用?

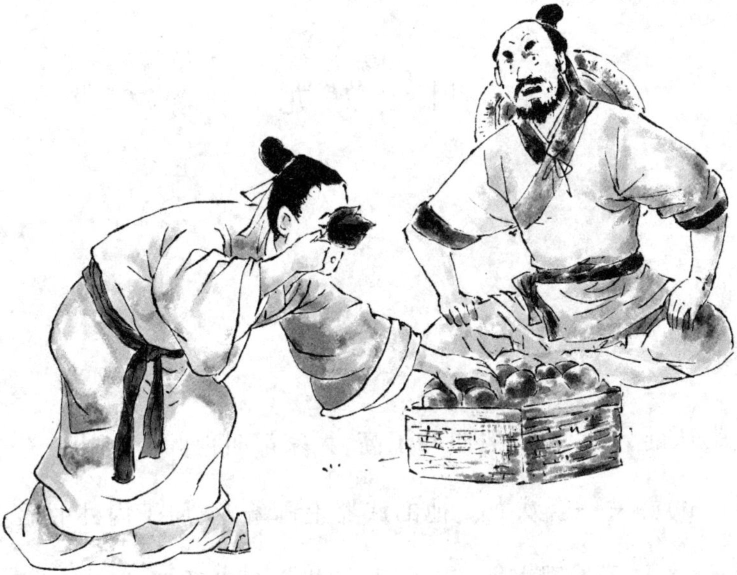

叶 公 好 龙

从前,有一个人名叫叶子高,大家都叫他叶公。叶公有个嗜(shì)好——喜欢龙。他的武器上画着龙,屋子内外的墙上绘着龙,柱子上雕着龙,连衣服、被帐上也都绣着龙。有一天,天上的真龙听说了,就来到他的家里,把头伸进窗户探望,把尾巴拖在厅堂上。叶公看见真龙来了,吓得转身就跑,失魂落魄。看来,叶公并不是真的喜欢龙,只不过是喜欢外表像龙而实际不是龙的东西罢了。

叶公好龙——好:喜欢。

比喻表面上喜欢、赞赏,实际上并不爱好。

"叶公非好龙也,好夫似龙而非龙者也。"

(汉·刘向《新序·杂事》)

想一想

"叶公好龙"的"好"读"hǎo"还是读"hào"?两种读音意义有差别吗?

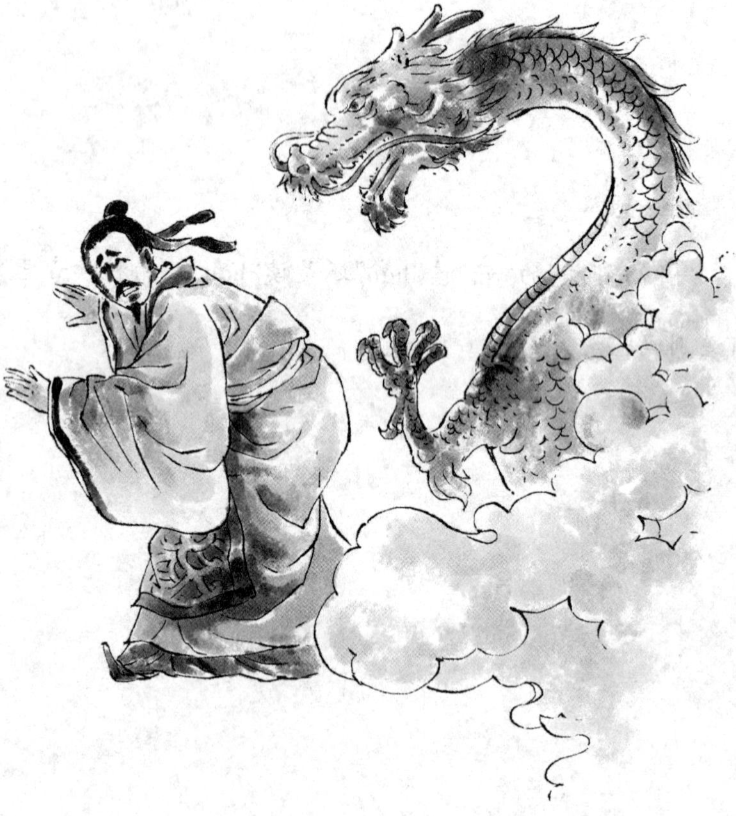

游刃有余

相传,梁惠王有个很有名的厨师,他的名字叫庖(páo)丁。庖丁以高超的宰牛技术而闻名。有一天,梁惠王去看他宰牛,只见他拿起刀子,熟练地肢解着牛的各个部位。不一会儿工夫,就把牛骨头和牛肉全部分割开来。进刀之迅速,出刀之利落,刀法之娴熟,都叫梁惠王惊叹不已。梁惠王问他何能如此神奇,庖丁答道:"因为我非常熟悉牛的骨骼结构,知道在骨头和肉之间的任何一道缝隙(xì),所以,我就能够用薄薄的刀片游刃有余地出来进去,毫不费力地就把牛解剖了。"

游刃有余——游刃:运转刀刃。有余:有余地。

比喻工作熟练,有实践经验,毫不费力地解决问题。

"恢恢乎其于游刃必有余地矣。"

(《庄子·养生主》)

想一想

"游刃有余"与"庖丁解牛",出自同一个成语故事吗?

有志者事竟成

东汉时,大将耿弇奉命率军去平定张步的叛乱,在战斗中,耿弇身先士卒,英勇无比。有一次,耿弇不幸被箭射中腿部,为了不影响战斗,也为了鼓舞士气,他悄悄拔出佩刀将箭斩断,继续作战。耿弇的精神鼓舞了大家,士兵们勇往直前,奋力拼杀,终于取得了战斗的胜利。事后,皇帝刘秀对耿弇说:"以前你要求平叛,我认为你口气太大,未必能够成功。现在才知道,有志气的人,做事一定会成功的。"

有志者事竟成——竟:终于。成:成功。

有志气的人,做事一定会成功。

"有志者事竟成。"

(《后汉书·耿弇传》)

想一想

"有志者事竟成"的"者"是什么意思?

鹬蚌相争，渔翁得利

一天，河蚌(bàng)张开硬壳，在河滩上晒太阳。这时，过来一只鹬(yù)鸟，看见河蚌鲜嫩的蚌肉，毫不犹豫地就把嘴伸进蚌壳里去啄。河蚌立刻合上硬壳，死死夹住鹬鸟的嘴。鹬鸟说："今日不下雨，明日不下雨，你只有干死。"河蚌说："今日拔不出嘴，明日拔不出嘴，你只有饿死。"这时，一个渔翁刚好从这里经过，看见鹬鸟和河蚌都动不了了，于是很轻松地就把它们抓走了。

鹬蚌相争，渔翁得利——比喻双方争执不下，让第三方因此得利。

"两者不肯相舍,渔者得而并禽之。"

(《战国策·燕策二》)

想一想

"鹬蚌相争,渔翁得利"的"渔"能写成"鱼"吗?为什么?

愚公移山

古时有位老人,名叫愚公。愚公家门前有两座大山,一座叫太行山,一座叫王屋山。这两座大山拦住了愚公每天进出的道路。于是,愚公下决心搬掉这两座大山。有个叫智叟(sǒu)的老头知道这件事后,就劝愚公说:"你太傻了,都快九十的人了,怎能把这两座大山搬走?"愚公却说:"我决心已下,即使我死了,还有儿子,儿子死了,还有孙子,子子孙孙一代接一代坚持下去,为什么就挖不平呢?"

愚公移山——比喻做事要有决心,有毅力,不怕艰难险阻。

"北山愚公者,年且九十……"

(《列子·汤问》)

想一想

"愚公移山"中的愚公,真的是一个很愚钝的人吗?

欲加之罪,何患无辞

春秋时,晋国国君晋献公死后,大夫里克先后杀了两位公子,使另一位公子夷吾顺利地继承了王位,这就是晋惠公。晋惠公即位后,要杀掉里克,以证明自己不是和里克合谋篡夺王位的。他对里克说:"没有你,我当不上国君。可你连杀了两位公子,是个阴险的人,所以我要杀掉你。"里克说:"我不杀掉两位公子,你怎么能成国君呢?要给人加上罪名,难道还担心没有借口吗!"后来,晋惠公果然以弑君之罪为借口逼里克自杀了。

欲加之罪,何患无辞——欲:要。患:担心。辞:言辞。
比喻想要给别人横加罪名,还怕找不到借口。

"欲加之罪,其无辞乎!"

(《左传·僖公九年》)

想一想

"欲加之罪,何患无辞"的"辞"能与"词"字互换吗?

欲速则不达

春秋时,齐国有个大夫叫晏(yàn)婴,是齐景公最得力的大臣。有一次,齐景公正在渤海边游玩,忽然侍者来报说,晏婴病重,危在旦夕。齐景公马上乘车赶回去探望。路上,齐景公不停地催促:"快点!再快点!"车子跑得飞快,可齐景公还是嫌慢。于是,他把赶车的推到一边,自己亲自赶车。跑了一段后,齐景公还觉得跑得慢,他索性跳下车子,奔跑起来。他一心想快,反而更慢了。

欲速则不达——达:达到目的。

比喻过于性急求快,反而不能达到目的。

"无欲速,无见小利;欲速则不达,见小利则大事不成。"

(《论语·子张》)

想一想

"欲速则不达"与"拔苗助长"都有急于求成的意思吗?

凿壁借光

汉朝时候,有个叫匡衡的人,非常喜欢读书。但由于家境贫寒,买不起蜡烛,所以晚上无法读书。匡衡见邻居家每天晚上都点着蜡烛,就想到邻居家看书,可遭到了拒绝。于是,匡衡想出了一个主意,他在墙壁上凿(záo)了一个小洞,借着邻居家透过来的烛光看书。家里的书读完了,匡衡就去一个财主家帮工,但他提出不要工钱,只要财主答应把家里的书借给他看就行。由于匡衡勤奋好学,终于成为一个有学问的人。

凿壁借光——凿:打穿。

比喻勤学苦读。

"衡乃穿壁引其光,以书映光而读之。"

(《西京杂记》卷二)

想一想

"凿壁借光"的"凿"能读成"zuò"吗?为什么?

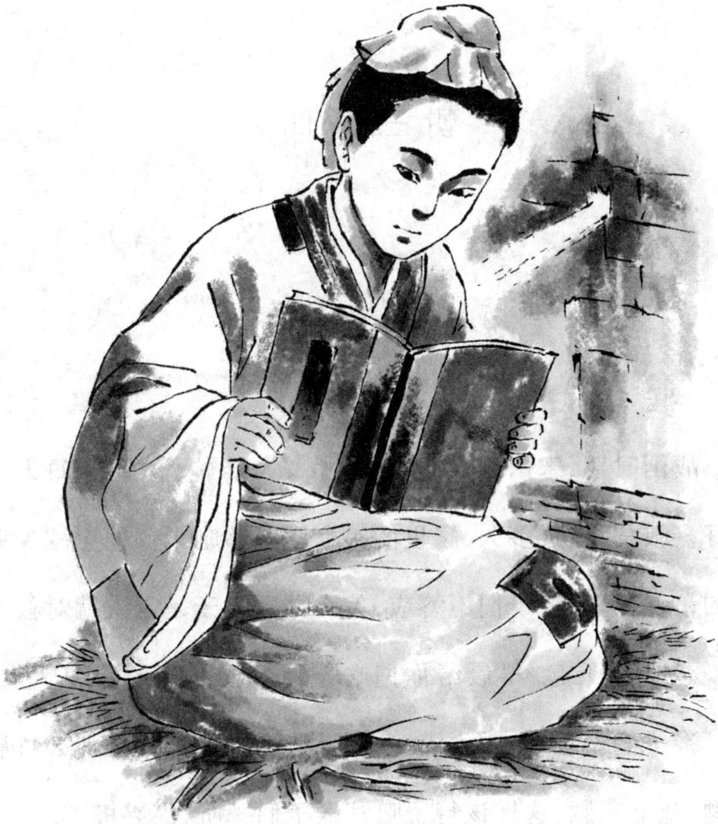

朝 三 暮 四

战国时期,宋国有个老人,养了一大群猴子。猴子每天要吃好多粮食,没过多久,家里的粮食就不够吃了。他想减少猴子的粮食,又怕猴子们不答应,怎么办呢?于是老人就对猴子们说:"从今天起,早晨给你们吃三颗橡栗(lì),晚上四颗,行吗?"猴子们一听,非常不满。于是,老人又改口说:"那么早晨四颗,晚上三颗,这样该行了吧?"猴子们一听,高兴极了。

朝三暮四——朝:早晨。暮:晚上。

比喻反复无常,变来变去。

"朝三而暮四……朝四而暮三。"

(《庄子·齐物论》)

想一想

"朝三暮四"的"朝"读"zhāo"还是读"cháo"？两种读音意义有差别吗？

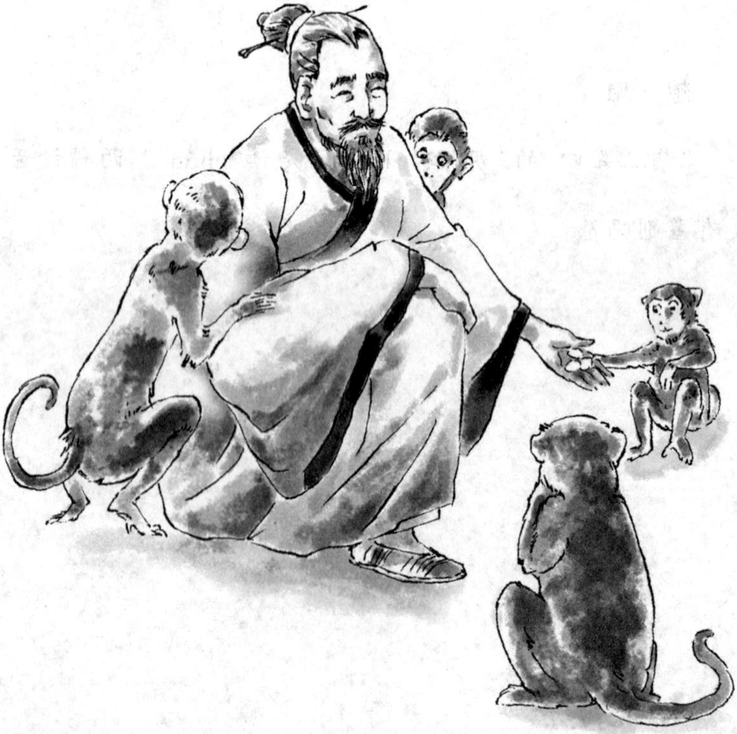

郑 人 买 履

从前,有个郑国人,要买一双鞋子。他先用一根绳子量了量自己的脚,然后把量好尺码的绳子放在座位上。可走的时候忘记带了。来到集市上,走进一家鞋店,这才发现那根绳子忘在家里,赶忙回家去取。可等他回来,集市早已散了,鞋也没有买成。有个过路的人知道了这件事后就问他:"你为什么不用自己的脚去试一试呢?"那个郑人说:"我宁肯相信尺码,也不相信自己的脚。"

郑人买履(lǚ)——郑:郑国。履:鞋子。

讽刺那些只相信教条,不相信客观实际的人。

"郑人有置履者……宁信度,无自信也。"

(《韩非子·外储说左上》)

想一想

"郑人买履"与"如履薄冰",这两个"履"哪个是名词,哪个是动词?

置之度外

西汉末年,刘秀推翻了王莽的统治,建立了东汉王朝。刘秀用了五年的时间基本上统一了全国,但还剩下甘肃的隗嚣(kuí xiāo)和四川的公孙述两支军队没有投降。刘秀认为,自己的部队连年征战,疲惫(bèi)不堪,需要休养。于是他对将领们说:"先把这两个人放在一边,暂时不去考虑他们。"经过一段休整,最后刘秀终于消灭了这两支割据势力。

置之度外——置:放。之:它。度:考虑。

指不放在心上,不在自己考虑的范围之内。

"且当置此两子于度外耳。"

(《后汉书·隗嚣公孙述传》)

想一想

"置之度外"的"之"是代词吗?

专心致志

从前,有一个叫秋的棋手,棋艺高超。秋有两个学生,其中一个学棋非常专心,集中精神跟老师学习,而另一个学生却不这样。他坐在那里,从不认真听老师讲课,眼睛好像在看着棋子,可是心里却在想:"现在天空中大概正飞着几只鸿雁,我要是能拿出弓箭把它们射下来,就能美餐一顿,那多好啊!"结果,虽然两人同是一个名师传授,可一个成了棋艺高强的棋手,另一个却什么也没有学到。

专心致志——致:到,尽。志:心意,志趣。

指用心专一,注意力不分散。

"不专心致志,则不得也。"

(《孟子·告子上》)

想一想

"专心致志"能表达"聚精会神"的意思吗?

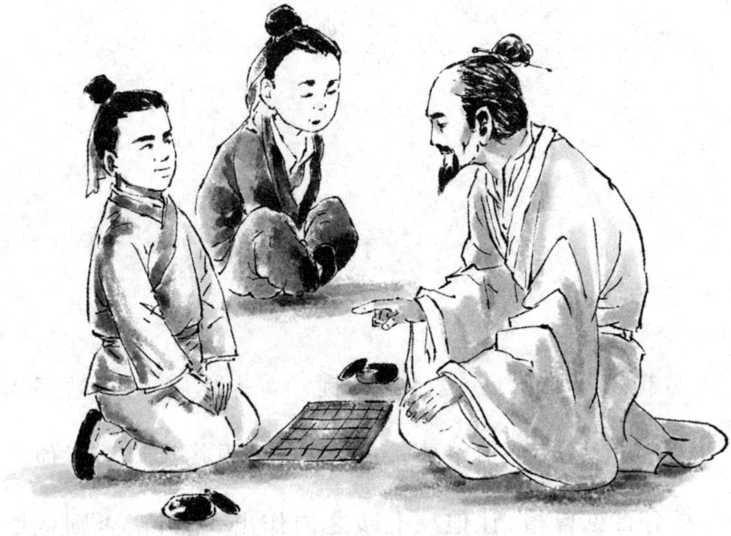

煮豆燃萁

曹植从小聪明过人,才思敏捷。曹操死后,哥哥曹丕当上了皇帝。曹丕嫉妒弟弟曹植的才华,总想找借口杀了他。一天,曹丕召见曹植,让他在七步之内作出一首诗,否则就要杀了他。曹植听后紧锁眉头,很快吟诵道:

煮豆燃豆萁(qí),豆在釜(fǔ)中泣。

本是同根生,相煎(jiān)何太急。

煮豆燃萁——燃:烧。萁:豆秸(jiē)。

比喻兄弟间自相残害;也指一方对另一方的迫害。

"煮豆持作羹……相煎何太急。"

(《世说新语·文学》)

想一想

"煮豆燃萁"与"骨肉相残",这两个成语的意思相近吗?

自相矛盾

从前,楚国有个卖兵器的人,在市场上出卖矛和盾。他先是说:"我的盾,坚固无比,世界上任何锋利的东西都刺不穿它。"见没有人买,就放下盾,拿起矛,又说:"我这支矛锋利无比,无论怎样坚固的盾,它都能刺穿。"周围的人都很纳闷儿,又觉得他吹牛很可笑,就问:"既然这么说,那么,用你的矛来刺你的盾,结果会怎样呢?"这个卖兵器的人被问得张口结舌,一句话也说不上来。

自相矛盾——相:相互。

比喻自己说话、办事前后矛盾,相互抵触。

"楚人有鬻楯与矛者……其人弗能应也。"

(《韩非子·难一》)

想一想

"自相矛盾"中的"矛盾"一词原指兵器,现在连用,还表示兵器的意思吗?

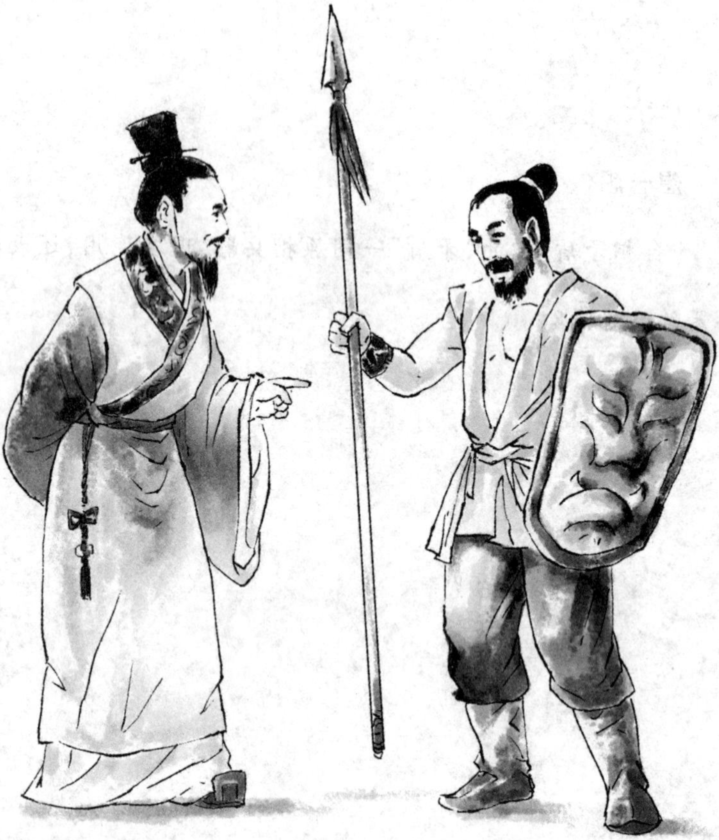

知 识 链 接

【文学常识】

一、什么是成语？

　　成语是表示一般概念的固定词组或句子,绝大部分是由四字格组成的,也有非四字格的成语,如三字格、五字格和六字格等。成语跟一般词组或由四个字组成的普通词组不一样,它是一个有机的整体。组成成语的词,一般不能用其他意思相同或相近的词来替换。凡是一个词组里的词可以随意替换,我们就应该把它看作普通词组,而非成语。

二、成语的来源

　　成语的来源可以说是多种多样的。有些成语来自于历史事实,即把历史上的某一历史事件概括为成语,如"一衣带水""完璧归赵";有些成语是根据古人的故事概括而成的,如"卧薪尝胆""孟母三迁";有些成语来自于古代寓言故事,如"邯郸学步""对牛弹琴";有些成语来自于古代历史著作,如"图穷匕现""负荆请罪";有些成语来自于古代神话传说,如"精卫填海""夸父追日"。总之,成语的来源远远不止这些,就是以上几种方式,也是互有交叉,彼此很难完全分开。

三、成语的特点

　　(一)充分体现中华民族的文化特征、思维方式和风俗习惯。例如:"五谷丰登""青黄不接",就透露出中华民族的农耕经济的社会特征;"天伦之乐""骨肉之情",则表现出重视血缘关系的宗法社会意识;"万寿无疆""犯上作乱",又显示出中国封建社会的专制政治结构,等等。可以说,成语在本质上反映出的是一个民族的文化思想和价值观念。

　　(二)言简意赅,凝练自然。成语能够把人们所要表达的丰富的意思,用十分简练的语言表达出来,真正起到事半功倍的效果。例如:"程门立雪"——比喻尊敬师长,虚心好学;"大义灭亲"——比喻为了国家利益,对犯罪的亲人不徇私情,使其得到应有的惩罚;"杞人忧天"——比喻不必要的或无根据的忧虑和担心,等等。在简要凝练的文字中表达丰富多彩的含义,是成语的一个基本特征。

(三)形象生动,表现力强。由于成语大都与历史上的某一人物或故事相关联,因此,当人们提到某一成语时,这一成语所蕴涵的形象便会马上显现出来。成语正是依靠自身的形象特点来增强它的表现力的。例如:一说起"愚公移山"这个成语,人们很快就会想起"愚公"这位老人和他的不怕艰难险阻的动人故事;一提到"夜郎自大"这个成语,马上就会想起"夜郎国"那个妄自尊大的首领。正是在这个意义上我们说,成语具有很强的可读性。

(四)意蕴含蓄,富于哲理。大多数成语在结构上都具有二重性,即故事层和意义层。成语在绘声绘色地讲述一个故事的同时,也把某种富有哲理意蕴的意义含蓄地传达出来了。这种意义我们有时也叫作"引申义"与"比喻义"。例如:"守株待兔",表面上是在讲述一个可笑迂腐的故事,实际上它表达出一种深刻的哲理——说明死守狭隘的经验不知变通,或抱着侥幸心理妄想不劳而获都是行不通的;而成语"井底之蛙",则是要讽刺那些眼界狭窄、见识短浅的人。

(五)易学易记,便于诵读。由于成语自身具备的故事性、形象性和可读性,所以学起来都比较容易。同时由于成语大都短小凝练,这就为诵读提供了便利条件。

【要点提示】

一、如何学习和使用成语

成语的文字简练,又有固定的形式,成语本身具有言简意赅、形象易记的特点。所以无论学习或者使用成语,都不很困难。但是如果想要很好地运用它,也应注意:(一)准确掌握、理解成语的涵义,不能"不求甚解"或者"望文生义"。比如"鱼目混珠"和"鱼龙混杂",表面看似差不多,实则意思相差很大,一个是"比喻拿假的东西充当真的东西",一个是"比喻坏人和好人混在一起"。(二)分清褒义贬义。有些成语通常表示人们的喜爱或者憎恶的感情。表示喜爱的,通常说它含有褒义;表示憎恶的,通常说它含有贬义。这两类成语千万不可误用。比如,"无微不至"多指关怀周到,含有褒义;"无所不至"多指做事无法无天,含有贬义,二者不能混用。(三)注意区分容易混淆的成语,尤其是近义成语的辨析。比如"迫不及待"和"刻不容缓",二者都形容"紧迫、不能等待",但前者用来形容心情十分迫切,而后者形容事情紧迫,必须马上去做。

二、下列各组句子中,加点的成语使用恰当的一句是(　)

(一)(1997年全国语文高考试题)

A. 那是一张两人的合影,左边是一位英俊的解放军战士,右边是一位文弱的莘莘学子。

B. 这次选举,本来他是最有希望的,但由于他近来的所作所为不孚众望,结果落选了。

C. 齐白石画展在美术馆开幕了,国画研究院的画家竞相观摩,艺术爱好者也趋之若鹜。

D. 这部精彩的电视剧播出时,几乎万人空巷,人们在家里守着荧屏,街上显得静悄悄的。

答案:B

(二)(1998年全国语文高考试题)

A. 成都五牛俱乐部一二三线球队请的主教练及外援都是清一色的德国人,其雄厚财力令其他甲B球队望其项背。

B. 为了救活这家濒临倒闭的工厂,新上任的厂领导积极开展市场调查,狠抓产品质量和开发,真可谓处心积虑。

C. 今年初上海鲜牛奶市场燃起竞相降价的烽火,销售价格甚至低于成本,这对消费者来说倒正好可以火中取栗。

D. 北京大学"五四剧社"为百年校庆排练的话剧《蔡元培》是否以全新的风格出现在舞台上,大家都拭目以待。

答案:D

(三)(1999年全国语文高考试题)

A. 五十年来,我国取得了一批批举世瞩目的科研成果,这同几代科技工作者殚精竭虑、忘我工作是密不可分的。

B. 博物馆里保存着大量有艺术价值的石刻作品,上面的各种花鸟虫兽、人物形象栩栩如生,美轮美奂。

C. 家用电器降价刺激了市民消费欲望的增长,原本趋于滞销的彩电,现在一下子成了炙手可热的商品。

D. 美国国务卿奥尔布赖特的中东之行,并未从根本上解决美伊之间的矛盾,海湾地区的局势也不会从此一劳永逸。

答案:A

(四)(2000年全国语文高考试题)

A. 古人中不乏刻苦学习的楷模,悬梁刺股者、秉烛达旦者、闻鸡起舞者,在历史上汗牛充栋。

B. "崇尚科学文明,反对迷信愚昧"图片展,将伪科学暴露得淋漓尽致,使观众深受教育。

C. 本刊将洗心革面,继续提高稿件的编辑质量,决心向文学刊物的高层次、高水平攀登。

D. 谈起电脑、互联网,这个孩子竟然说得头头是道,左右逢源,使在场的专家也惊叹不已。

答案:B

(五)(2001年全国语文高考试题)

A. 当时暴雨如注,满路泥泞,汽车已无法行走,抢险队员们只好安步当车,跋涉一个多小时赶到了大坝。

B. 她从小就养成了自认为高人一等的优越感,即使在医院里要别人照顾,也仍然颐指气使,盛气凌人。

C. 会议期间,农科院等单位在会场外摆出了鲜花盆景销售摊。休息时,摊前车水马龙,产品供不应求。

D. 您刚刚乔迁新居,房间宽敞明亮,只是摆设略嫌单调,建议您挂幅油画,一定会使居室蓬荜生辉。

答案:B

【学习思考】

一、利用成语字典,分别找出三字格、五字格、六字格的成语各一个,并说出它们的意思。

二、利用课余时间,与同学或家长进行一次成语接龙比赛。

(张双平 编写)